Inhalt

6 Kloster Barsinghausen
- Apfel-Käse-Auflauf
- Kürbispizza
- Gefüllter Riesenzucchino

10 Kloster Ebstorf
- Pastinaken-Lauch-Gemüse
- Weichkrokant-Pralinen
- Schokoladen-Trüffel

14 Stift Fischbeck
- Rosmarinöl
- Estragon-Thymianessig
- Rosmarin-Plätzchen

18 Kloster Isenhagen
- Kürbisgemüse
- Gebackene Quitten mit Mandelbaiser
- Kerbelsuppe

22 Kloster Lüne
- Klosterbrötchen
- Kloster-Sommer-Grütze

26 Kloster Mariensee
- Nervenkekse
- Grießklößchen
- Kräuteraufstrich

30 Kloster Marienwerder
- Gemüsesuppe mit Dinkel
- Mascarpone-Creme mit Beeren

34 Kloster Medingen
- Bratapfeltorte
- Medinger Pilgersuppe

38 Stift Obernkirchen
- Ostpreußische Sauerampfersuppe
- Spinat/Mangoldtorte
- Geschmorte Äpfel

42 Kloster Walsrode
- Schinken-Flan
- Sigrids Mandelbällchen

46 Kloster Wennigsen
- Apfel-Chutney
- Apfel-Ingwer-Konfitüre

50 Kloster Wienhausen
- Kartoffelsalat mit Bärlauch
- Bärlauchpaste
- Blätterteigtaschen

54 Kloster Wülfinghausen
- Apfelbrot
- Kräuterkartoffeln
- Gefüllte Eierpfannkuchen

Impressum:
Herausgegeben 2012 für den Generalkonvent:
Äbtissin Bärbel Görcke M.A.
Höltystr. 1
31535 Neustadt am Rübenberge
www.generalkonvent.de
Fotos und Texte:
Carola Faber
Gestaltung:
Frederic Henze
Druck:
Lutherisches Verlagshaus
Gedruckt auf 100 Prozent Recyclingpapier

Das Feuer hüten

Hans-Christian Biallas,
Präsident der Klosterkammer Hannover

Seit den Anfängen klösterlichen Lebens in der Spätantike haben Essen und Trinken für die Männer und Frauen, die sich zu einer christlichen Lebensgemeinschaft verbinden, eine hohe Relevanz. So beschäftigen sich allein neun der 73 Kapitel der Benediktsregel mit Fragen der Ernährung und der gemeinsamen Mahlzeiten. Dies mag damit zu tun haben, dass Essen und Trinken zu den Grundvollzügen des menschlichen Lebens gehören und ihnen deshalb auch im Christentum, in dessen Mittelpunkt die Feier eines „Abendmahls" steht, eine besondere Bedeutung zukommt. Essen und Trinken sind Ausdrucksformen jeder Kultur.

Gerade in einer Zeit, in der ein Trend zu immer schnellerem und billigerem Essen zu beobachten ist, lohnt es sich, an diese wertvolle Tradition zu erinnern.

KLOSTERKAMMER HANNOVER

Auch wenn der gemeinsame Tisch in den evangelischen Damenklöstern und -stiften Niedersachsens nach der Reformation größtenteils aufgegeben wurde – ein bewusster Umgang mit Essen und Trinken war und ist den Damen der Konvente und Kapitel weiterhin wichtig. Wenigstens habe ich das bei meinen Besuchen immer erfahren dürfen. In den Klöstern wird vorzüglich gekocht!

Das neue Klosterkochbuch versammelt nicht nur zahlreiche erprobte und teilweise außergewöhnliche Rezepte, sondern stellt auch die Klöster und Stifte selbst als Orte religiöser und kultureller Tradition vor. Die Klosterkammer Hannover hat dieses Vorhaben, das vom Generalkonvent der Äbtissinnen gemeinsam mit „Brot für die Welt" angeregt worden war, deshalb gerne unterstützt.

Marion Römer,
landeskirchliche Pastorin für die Geistliche Begleitung der Klöster und Stifte im Bereich der Klosterkammer Hannover

„Gastfrei zu sein vergesst nicht; denn dadurch haben einige ohne ihr Wissen Engel beherbergt" – diese biblische Weisung wird über die Jahrhunderte bis heute in den Klöstern und Stiften beherzigt. Und so gibt es bei meinen Besuchen als geistliche Begleiterin nach persönlichen Gesprächen, theologischer Beratung und einer gemeinsamen Andacht meist auch eine gute Mahlzeit im Kreis von Konvent oder Kapitel. An einigen Orten ist es eine „klösterliche Mitbringparty": jede steuert bei, was aus Garten und Kühlschrank zum gemeinsamen Mahl passt. An anderen Orten zaubert diejenige, die gerne kocht etwas Saisonales, oft mit Zutaten aus dem Klostergarten, das dann alle in fröhlicher Runde genießen.

EVANGELISCH-LUTHERISCHE LANDESKIRCHE HANNOVERS

Es sind moderne Frauen, denen ich in Kloster oder Stift begegne. In der Regel verbringen sie nur wenig Zeit am Herd. Sie zeigen interessierten Menschen bei Führungen ihren besonderen Lebensort mit seinen Schätzen, sie organisieren ein interessantes kulturelles Programm und teilen dabei immer wieder ihren Lebensmittelpunkt als gute Gastgeberinnen mit Besucherinnen und Besuchern. Die Frauen leben als Gemeinschaft auf christlicher Grundlage. Dazu gehört auch die Verbundenheit mit der Schöpfung. Die Pflege der Klostergärten, der Anbau sowie die sorgsame aber auch lustvolle Verwertung dessen, was dort wächst, sind dafür Ausdruck. So haben Lebensfreude und Dankbarkeit ein Zuhause in Klöstern und Stiften. Mögen diese auf Leserinnen und Leser dieses Buches überspringen!

Vorwort

Wie könnten wir beschreiben, was in den Klöstern und Stiften geschieht – und was sie alle verbindet? Als wir das Titelfoto sahen, war uns klar: „Das Feuer hüten". Das tun wir Tag für Tag bei der Pflege unserer Häuser und ihrer Schätze – aber auch, indem wir weitergeben, was uns am Herzen liegt. In allen Klöstern und Stiften gab und gibt es daher Bildungsangebote.

So leben die Frauen seit Jahrhunderten, was wir heute einen nachhaltigen Lebensstil nennen: einen sorgsamen Umgang mit der Schöpfung, die Einbindung in die regionale Wirtschaft, die Erfahrung, dass Glück nur zum geringen Teil mit Besitz zu tun hat.

Dass die Klöster und Stifte auch offen sind für die Fragen der Zeit, zeigte sich in der spontanen Entscheidung, sich geschlossen an der Aktion „Wir säen Zukunft" von „Brot für die Welt" zu beteiligen. Unter dem Motto „Gemeinsam unterwegs für eine lebenswerte Welt" laden wir ein, vor Ort zu entdecken, wie vielfältig Nachhaltigkeit sein kann.

Brot für die Welt setzt sich schon länger mit dem Thema auseinander*. Entwicklung kann dort geschehen, wo Menschen die Ursachen ihrer Armut erkennen, Kenntnisse erwerben können und selbst geeignete Schritte für die Überwindung der Armut entwickeln. In Bildung zu investieren ist daher eine der nachhaltigsten Formen von Entwicklungshilfe. Die Ausbildung von Mädchen wird dabei besonders gefördert – und von den Frauen in den Klöstern und Stiften in einem Beispielprojekt aus Indien unterstützt.

„Wir säen Zukunft" lädt ein, Blumen und Kräuter auszusäen. Die bunten Wiesen sollen dazu anregen, das eigene Verhalten zu verändern. Die Möglichkeiten dafür sind vielfältig – darum gehören Beispiele dazu, die Augen und Mund, Herzen und Verstand erreichen. Für das zweite Aktionsjahr entstand daher die Idee, zu einer kulinarischen Reise durch die Klöster und Stifte einzuladen. Das Ergebnis halten Sie in den Händen.

Wir danken allen von Herzen, die zum Gelingen beigetragen haben und hoffen, dass Sie so viel Freude wie wir daran haben werden! Entdecken Sie einfache Genüsse und regionale Spezialitäten, lassen sie sich von den Frauen der Klöster und Stifte anregen, die Rezepte auszuprobieren. Machen Sie sich mit uns auf den Weg für eine lebenswerte Welt!

Uwe Becker, Beauftragter Brot für die Welt
der Landeskirche Hannovers
www.brot-fuer-die-welt.de/hannovers

Äbtissin Bärbel Görcke,
Sprecherinnenrat des Generalkonvents
www.generalkonvent.de

*Mit den Studien „Zukunftsfähiges Deutschland 1 (1998) und 2 (2008) hat Brot für die Welt gemeinsam mit dem Evangelischen Entwicklungsdienst und dem BUND Vorschläge gemacht, wie sich unser Land in einer globalisierten Welt nachhaltig einbringen kann. www.zukunftsfaehiges-deutschland.de

Der Garten in Form eines Kreuzes

Seit 800 Jahren wird im Kloster Barsinghausen nach dem Rhythmus „Bete und arbeite" gelebt

„Unsere Häuser werden Brunnenhäuser sein, in denen das Wasser fließt, nicht verschlossen, sondern offen. Ich wünsche, dass viele kommen und trinken und selber Quellen des Lebens werden." Mit diesem Text nach Maria Ward werden die Besucher des Klosters Barsinghausen im Eingang begrüßt.

Friedlich und erfrischend wirkt das das Wasserbecken aus Sandstein in dem symbolisch als Kreuz angelegten Klostergarten. Die Ruhe der gesamten Anlage spiegelt das Bild eines Ortes, in dem seit 800 Jahren der klösterliche Rhythmus „Bete und Arbeite" gelebt wird. Die Evangelische Kommunität Kloster Barsinghausen empfängt gern Gäste, die über einen bestimmten Zeitraum Stille und Gebet suchen, um Kraft für ihren Alltag zu schöpfen oder sich neu zu orientieren. Als Hilfe wird begleitendes Gespräch angeboten. Durch die Gebetszeiten und Mahlzeiten können die Gäste am gemeinsamen Leben teilnehmen.

Ein Rundgang durch das Kloster und die Kirche führt zu den Spuren der Geschichte und zum Leben des Klosters in der Gegenwart. Auf dem Lehngut des Mindener Bischofs gründeten zwei Adlige 1193 ein Augustiner-Doppelkloster, in welchem nebeneinander

Kloster Barsinghausen

Kloster Barsinghausen, Evangelische Kommunität, Bergamtstraße 8, 30890 Barsinghausen. Telefon und Fax (05105) 61938. www.klosterkammer.de und www.generalkonvent.de, info@kloster-barsinghausen.de

Schwester Christine,
Kloster Barsinghausen

Seit wann leben Sie im Kloster Barsinghausen?
Seit 1998. Damals bin ich gemeinsam mit meinen Schwestern auf Einladung der Klosterkammer hergekommen, um ein Leben zu führen, das vom Gebet geprägt ist.

Woher kommen Sie?
Ich war in der Behindertenarbeit in der Nähe von Magdeburg tätig.

Wofür sind Sie hier im Kloster zuständig?
Für die Gartenarbeit. Dazu gehört der Blumenschmuck im Haus, die Pflege der Stauden, Sträucher, Rabatten, der Sommerblumenanbau sowie das Obst, Gemüse und die Kräuter.

Was wird in der Küche verarbeitet?
Hauptsächlich das Obst und Gemüse. Wir haben rund 50 Obstbäume. Dazu kommen Himbeeren, Brombeeren und Johannisbeeren.

Was wird daraus zubereitet?
Marmelade, Saft, Kompott. In der Klostergrotte genießen unsere Gäste einmal in der Woche den selbst gebackenen Kuchen mit Obst aus dem Garten. Das ist mir immer eine besondere Freude.

Verwenden Sie alle Erträge selbst?
Nein. Ein Teil erhält ein nahegelegenes Altenheim und die Barsinghäuser Tafel.

Woher stammt Ihre Begeisterung für den Garten?
Als Kind bin ich in einem großen Garten aufgewachsen. Für mich ist ein großer Wunsch, in Erfüllung gegangen, als ich die Pflege unseres Gartens übernehmen durfte.

Was bedeutet für Sie Gartenarbeit?
Sie hat etwas Heilendes, etwas Ursprüngliches. die Bewegung an der frischen Luft tut gut – und außerdem ist es die Freude am Genuss der eigenen Produkte.

Mönche und Nonnen lebten. Im frühen 13. Jahrhundert wurde es zu einem reinen Frauenkloster umgewandelt, das in der Folge viele Stiftungen erhielt. 1543 entstand daraus ein evangelisches, sehr vermögendes Damenstift mit Gütern in mehr als 80 Ortschaften. Die heutigen Konventgebäude wurden in den Jahren 1700 bis 1704 errichtet.

Die Kirche ist der älteste erhaltene Teil des Klosters. Sie wurde im 13. Jahrhundert gebaut und erhebt sich über einem kreuzförmigen Grundriss. Über dem Altar befinden sich spätmittelalterliche Schnitzbilder mit Szenen aus dem Leben Jesu Christi.

Der Klosterhof, der als typischer Vorplatz der Barockzeit mit einladenden Sitzgrotten angelegt ist, führt zum Haupteingang des Klosters. In den Resten des Kreuzgangs ist das Lapidarium untergebracht, das Architekturfragmente des Klosters vom 13. bis zum 19. Jahrhundert enthält. Ein ehemaliger Kellerraum ist zu einem hellen Andachtsraum umgebaut worden, in dem heute die Tagzeitengebete stattfinden. Gleich daneben liegt die Töpferei, die ebenfalls aus einem Vorratskeller entstanden ist. Im oberen Klostergang befindet sich der Wohnbereich des Klosters und der Konventsaal. Der helle, sehr weite Gang vermittelt das Lebensgefühl des 18. Jahrhunderts: Der Friede nach dem Dreißigjährigen Krieg führte zu neuem Vertrauen und Freude an der Schönheit der Welt. Die Konventualinnen des früheren Damenstifts lebten dort in getrennten Wohnungen und führten ihren eigenen Haushalt. Der Rundgang endet im stillen Innenhof, von wo sich ein Blick auf die alte Fachwerkfassade lohnt.

Im Sinne klösterlicher Gastlichkeit bieten die Schwestern der Kommunität einmal wöchentlich Kaffee und selbst gebackenen Kuchen in der „Klostergrotte" an.

Die Klosterführungen finden mittwochs um 15 Uhr sowie nach Vereinbarung statt. Der Klosterhof – das Gelände vor dem Haupteingang – und der untere Klostergang sind tagsüber frei zugänglich. Der Klostergarten ist im Rahmen einer Gartenführung zu besichtigen. Die Termine werden jeweils bekannt gegeben.

Aus Küche und Garten

Die anspruchsvolle landschaftliche Gartengestaltung des Klostergartens Barsinghausen aus dem 19. Jahrhundert wurde in den Jahren 2003/2004 wiederbelebt und ergänzt. Als neues Herzstück ist ein oval geformter Blumen- und Nutzgarten in die Parkanlage eingebettet. Im Zentrum befindet sich ein Brunnen. Ältere Gartenelemente des Mittelalters, der Renaissance und des Barocks blieben erhalten und wurden in ihrer Wirkung behutsam unterstützt. Die meisten Erträge der großen Anlage werden im Kloster verzehrt oder an die Barsinghäuser Tafel und an ein nahegelegenes Seniorenheim abgegeben. Für den Konvent und die Gäste kocht eine Hauswirtschafterin. Die Mittagsmahlzeit wird schweigend eingenommen. Das Café Klostergrotte unter dem Motto Einkehr – Rast – Begegnung hat jeden Dienstag von 15 bis 17.30 Uhr geöffnet.

Rezepte aus Barsinghausen

Apfel-Käse-Auflauf

Die geschälten und vom Kerngehäuse befreiten Äpfel in nicht zu dicke Schnitze schneiden und in eine zuvor gefettete Auflaufform geben. Weintrauben, Nüsse und den Most dazugeben. Edamer, Zucker, Butter und Mehl gründlich vermengen, zu Streuseln reiben und über die Äpfel geben. Dies alles wird im vorgeheizten Ofen bei 200° ca. 30 Minuten überbacken, wobei eine ziemlich krosse Deckschicht entsteht. Ofenfrisch servieren.

Zutaten:
800 g Äpfel (vorzugsweise eher vom süßsäuerlichen Typ)
3 EL Weintrauben
2 EL gehackte Walnüsse
1 dl Süßmost
100 g Edamer gerieben
50 g Zucker
70 g Butter
50 g Mehl

Kürbispizza

Hefe, Zucker, Salz, Wasser und Mehl zu einem Teig verarbeiten und gehen lassen. Den fertigen Teig ausrollen, auf ein Backblech geben und mit Schmand bestreichen. Salz, Pfeffer, Kümmel, Zucker und den geriebenen Kürbis darauf verteilen und mit dem geriebenen Käse bedecken. Den Backofen auf 250° vorheizen und 15 Minuten backen.

Zutaten:
500 g Mehl
1 Hefewürfel (42 g)
200 ml Wasser
1 EL Olivenöl
1 kg Kürbis (entkernt und gerieben)
400 g Emmentaler Käse gerieben
1 TL Kümmel
250 g Schmand
Salz, Pfeffer, Zucker

Gefüllter Riesenzucchino

Reis mit gut 500 ml Salzwasser aufkochen und bei milder Hitze etwa 40 Min. ausquellen lassen. Champignons waschen, putzen, die Köpfe ganz lassen. Zwiebel schälen, fein würfeln, Basilikum waschen, die Blättchen fein hacken. Backofen auf 200° (Umluft 180°) vorheizen. Öl erhitzen, Zwiebelwürfel darin glasig dünsten. Champignons dazugeben und so lange braten, bis alle ausgetretene Flüssigkeit verdampft ist. Mit Salz, Pfeffer, Zitronensaft und Basilikum würzen, mit Reis mischen. Zucchini der Länge nach durchschneiden, die Kerne entfernen. Reis-Pilz-Mischung in der Zucchinihälfte verteilen. Gorgonzola mit Schmand und Sahne pürieren. Mischung über die Zucchinihälften gießen und im Ofen (untere Schiene) etwa 15 Min. überbacken.

Zutaten (für vier Personen):
200 g Wildreismischung (Salz)
600 g kleine Champignonköpfe
1 kleine Zwiebel
½ Bund Basilikum
2 EL Olivenöl
schwarzer Pfeffer frisch gemahlen
einige Tropfen Zitronensaft
1 große Zucchini (etwa 30 cm lang)
100 g Gorgonzola
100 g Schmand
100 g Sahne

Christliche Tradition und Kultur

Kloster Ebstorf lässt auf einmalige Weise die Wurzeln und Werte spüren

Zahlreiche Schätze sind in dem Heidekloster Ebstorf zu entdecken. Die friedliche Atmosphäre der großzügigen Anlage beeindruckt genauso wie die vielen kostbaren Details. Farbiges Licht, das durch die mittelalterlichen Glasfenster im Kreuzgang fällt, wirft immer wieder neu inspirierende Schattenbilder auf den Boden. Ein Besuch der bedeutenden Anlage bereichert durch seine kulturellen Juwelen wie durch die Historie.

Gegründet vermutlich um 1160 als Prämonstratenser-Kloster St. Mauritius gehört es zu den Lüneburger Klöstern Isenhagen, Lüne, Medingen, Walsrode und Wienhausen, die im Zuge der Reformation evangelisch wurden. Nach einem Brand vor 1197 wurde es für Benediktinerinnen neu gestiftet. Ab 1280 werden die Klostergebäude, die bis heute noch erhalten sind, im gotischen Stil erneuert und die Bauplastiken zum Teil aus romanischen Vorgängerbauten übernommen. Der mächtige Glockenturm wird erst später gebaut. Zu den sakralen Kunstschätzen gehören die Bronzetaufe, die Renaissancekanzel und der Barockaltar. Im Nonnenchor befinden sich ein gotischer Altar mit Triumphkreuz, Madonnen des 13. und 14. Jh. sowie der Heilige Mauritius in Lebens-

Kloster Ebstorf

Kloster Ebstorf, Kirchplatz 10, 29574 Ebstorf. Telefon: (05822) 2304, Fax (05822) 2319. Das Büro hat montags bis freitags von 8.30 bis 12.30 Uhr geöffnet.
www.kloster-ebstorf.de, presse@kloster-ebstorf.de

Ebstorf | 11

Ragnhild van de Sand,
Konventualin im Kloster Ebstorf

Seit wann leben Sie im Kloster Ebstorf?
Vor fünf Jahren bin ich hier eingezogen.
Wo wohnten Sie vorher?
Am Niederrhein.
Wie kamen Sie auf die Idee, ins Kloster zu gehen?
Nach dem Tod meiner Eltern entdeckte ich eine Annonce in der Zeitung. Auf der Stelle habe ich in Hannover bei der Klosterkammer angerufen. Sofort erhielt ich gleich mehrere Adressen von Klöstern. Ebstorf hat mich vom ersten Augenblick berührt. Als ich durch die Pforte ging, war für mich die Entscheidung, hier zu bleiben, gefallen.
Welchen Beruf haben Sie ausgeübt?
Im Kreis Wesel habe ich als Heilpädagogin gearbeitet. Dort leitete ich innerhalb der Lebenshilfe sieben Jahre lang auch eine Schule.
Wie gestalten Sie das Weihnachtsfest kulinarisch?
Weihnachten koche ich für alle Konventualinnen, die Äbtissin und die angemeldeten Familienangehörigen immer ein dreigängiges Menü. Anschließend gibt es selbst hergestellte Pralinen und Plätzchen. Die Rezepte stammen aus meiner Familie.
Was bedeutet für Sie die Küche?
Da ich selbst aus einer Großfamilie komme, war und ist für mich die Küche ein Zentrum, ein Treffpunkt der Familie und Angestellten und Mitarbeiter. So erlebe ich es auch hier im Kloster, wenn meine Mitschwestern mich besuchen kommen, um in die Töpfe zu schauen!

größe. Den Kreuzgang im spätromanischen bis frühgotischen Stil zieren wertvolle Glasmalereien, Truhen, Kisten sowie Konsol- und Schlusssteine.

Die „Ebstorfer Weltkarte", ein 13 Quadratmeter großes Weltbild auf Pergament, machte das Kloster weltberühmt. In einer einzigartigen Größe und Fülle stellt sie das christlich-europäische Weltbild vom ausgehenden Mittelalter dar. Heute ist eine originalgetreue Kopie der im Zweiten Weltkrieg zerstörten Karte aus dem 13. Jahrhundert zu besichtigen.

Wo im Mittelalter meist Frauen aus adligen Familien der Umgebung lebten, gestalten heute Frauen aus unterschiedlichsten Berufen einen frei gewählten Lebensabschnitt. Zu den Aufgaben der Konventualinnen gehören die Teilnahme an den Andachten und Gottesdiensten in der Klostertracht, die Führungen, die Übernahme von Ämtern im Kloster sowie die Pflege des Klostergartens. Dazu war es schon immer eine lange Tradition, dass der Konvent auch karitativ im Flecken Ebstorf wirkt.

Vom 1. April bis 15. Oktober Einlass: Dienstags bis Sonnabends von 10 bis 11 Uhr und von 14 bis 17 Uhr. Sonntags und an kirchlichen Feiertagen um 11.15 Uhr und von 14 Uhr bis 17 Uhr. Vom 16. bis 31. Oktober gibt es jeweils nur eine Führung um 14 Uhr. Gruppenanmeldungen sind rechtzeitig erforderlich. Montags und Karfreitag bleibt das Kloster geschlossen. Im April/Mai und Oktober/November finden auf dem Nonnenchor Konzerte und während der ganzen Saison in der Propsteihalle Ausstellungen verschiedener regionaler Künstler statt.

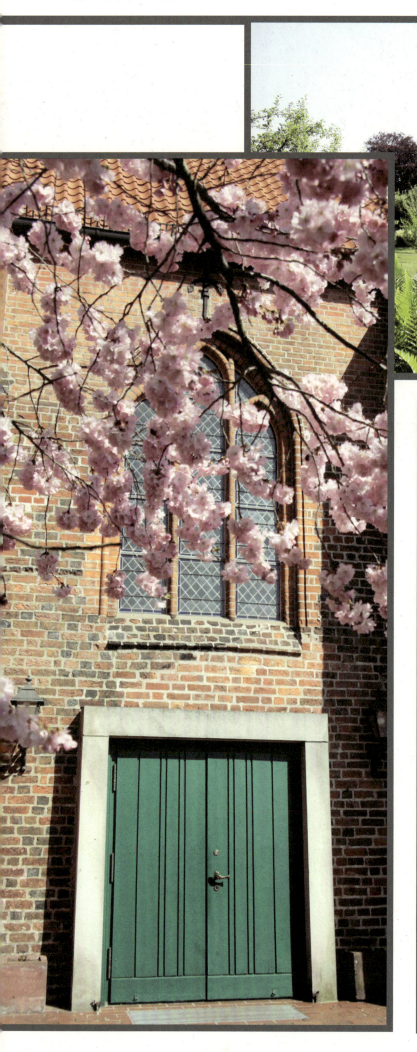

Aus Küche und Garten

Im Zuge der Reformation wandelte der Celler Welfenherzog Ernst der Bekenner das Kloster in ein evangelisches Frauenkloster um, aber erst als sich um 1565 die Reformation im Kloster Ebstorf vollständig durchgesetzt hatte, versorgten sich die Konventualinnen selbst. Für den Klostergarten bedeutete das eine große Veränderung, denn statt eines großen gemeinsamen Gemüse- und Kräutergartens wurde er in einzelne Parzellen, die sogenannten Damengärten, eingeteilt. Neben dem etwas größeren Äbtissinnengarten und den Damengärten blieb die Bleiche mit einem umfangreichen Obstbaumbestand erhalten. Zu sehen ist heute noch das Bleichhäuschen aus dem 19. Jahrhundert und in der den Garten umgebenden Mauer die Wasserpforte. Im Bleichhäuschen wurde das Zubehör, was zum Bleichen der Wäsche auf dem Rasen benötigt wurde, aufbewahrt. Heute werden die privaten Gärten der Klosterdamen mit ihrer bunten Vielfalt aus Blumen und Gemüse, Zier- und Beerensträuchern ganz individuell genutzt. Den gesamten Garten umschließt die Klostermauer von drei Seiten, vom Klosterhof ist er durch eine Hecke getrennt.

Rezepte aus Ebstorf

Pastinaken-Lauch-Gemüse

Die Pastinaken schälen, längs vierteln und in drei bis vier Zentimeter große Stücke schneiden. In einem Topf die Butter zerlassen und darin die Pastinaken etwa zehn Minuten dünsten. Inzwischen den Lauch putzen, gründlich waschen und in feine Ringe schneiden. Zu den Pastinaken geben und kurz mitdünsten. Dann mit Weißwein ablöschen. Das Gemüse aufkochen lassen, die Sahne zugießen und alles leise köcheln lassen, bis die Pastinaken weich sind. Thymian zum Schluss dazugeben, mit Salz und Pfeffer würzen.
Das Gemüse in eine feuerfeste, flache Auflaufform geben, mit Parmesan bestreuen und im vorgeheizten Backofen bei 220 Grad etwa 15 bis 20 Minuten goldbraun überbacken.
Tipp: Das Gemüse schmeckt besonders gut in Kombination mit einem Haselnuss-Risotto. Für Fleischfreunde sind Lammkoteletts empfehlenswert.

Zutaten (für vier Personen):
800 g Pastinaken
40 g Butter
250 g Lauch
50 ml Weißwein
200 ml Schlagsahne
1 TL getrockneter Thymian oder 2 bis 3 frische Zweige Thymian
100 g frisch geriebener Parmesankäse
Salz, frisch gemahlener Pfefffer

Weichkrokant-Pralinen

Den Zucker in einen Topf geben und erhitzen (nicht gelb werden lassen). Mandeln darin verrühren. Sahne sowie Orangeat zufügen und unter Rühren kochen lassen, bis die Masse anfängt, dicklich zu werden.
Butter und Cointreau zufügen. Weiter kochen und rühren, bis sich die Masse vom Boden löst. Dann schnell auf ein mit Öl eingestrichenes Blech geben und zügig ein bis zwei Zentimeter hoch gleichmäßig verstreichen.
Ist die Masse erhärtet, wird sie in eckige Stücke geschnitten und anschließend mit Schokoglasur überzogen. Zum Schluß werden die Pralinen mit Orangenstreifen verziert. Arbeitszeit: 1,5 bis 2 Stunden

Schokoladen-Trüffel

Fett, Puderzucker, geriebene Schokolade, Rum oder Whiskey vermengen. Aus der Masse kleine Kugeln formen und anschließend in Schokostreuseln wälzen. Auf einem Kuchenblech etwa acht Stunden kühl stellen (nicht im Kühlschrank) und mit einem Tuch abdecken. Danach in einem Gefäß kühl lagern. Zum Servieren die Kugeln in Manschetten legen. Die Arbeitszeit beträgt etwa zwei Stunden.

Zutaten:
125 g Margarine (Rama wird empfohlen)
125 g Puderzucker
375 g feine Zartbitterschokolade
3-4 EL Rum oder Whisky
125 g Schokostreusel, in denen zum Schluss die Kugeln gewälzt werden

Zutaten:
125 g Zucker
125 g gehackte Mandeln
¼ Liter Sahne
50 g gehacktes Orangeat
30 g Butter
5 EL Cointreau
Schokoladenglasur
Orangenstreifen

Das Feuer hüten

Christliches Frauenleben

Stift Fischbeck gilt als besterhaltener sakraler Großbau des Wesergebietes

Es scheint, als wäre die Zeit stehen geblieben. Verschachtelte, in sich geschlossene Gebäudeteile sind umgeben von großzügigen Gärten, alten Mauern und Staketenzäunen. Eine Stiftsdame ist auf dem Weg von der Kirche zu ihrer Wohnung, junge Mädchen führen ihre Pferde über das Kopfsteinpflaster und bereiten sie für einen Ausritt vor. Spaziergänger und Besucher kommen von weit her, um die besondere Atmosphäre des idyllischen Anwesens zu genießen. Pilger machen Rast auf dem Weg von Loccum nach Volkenroda oder nutzen die Gästewohnung des Stifts für eine Übernachtung. Das verwunschen gelegene Stift Fischbeck inspiriert zu einer näheren Erkundung. Wegen der unverfälscht erhaltenen Bauform der Stiftskirche und durch die Geschlossenheit seiner Anlage mit dem Kreuzgang stellt es ein großartiges Beispiel mittelalterlicher Klostertradition dar. Das Stift gilt zugleich als besterhaltener sakraler Großbau des Wesergebietes. Im Jahr 955 von der Edelfrau Helmburgis gegründet, war es ein Lebensort für jungfräuliche Damen des Adels. Die Zeiten haben sich geändert: Heute reichen Persönlichkeit und Kompetenz.

Stift Fischbeck

Stift Fischbeck, Im Stift 6 a, 31840 Hessisch Oldendorf, Telefon (05152) 8603, Fax (05152) 962489, www.stift-fischbeck.de

Uda von der Nahmer,
Äbtissin im Stift Fischbeck

Sie haben einen besonderen Kräutergarten. Nach welchem Konzept ist er angelegt?
Die Beete sind nach mittelalterlichem Vorbild angelegt.
Wie viele verschiedene Pflanzen wachsen hier?
Es sind fast 70 Heilpflanzen.
Haben Sie eine Lieblingspflanze?
Duftende Kräuter habe ich gern: Rosmarin, Weinraute vor allem, Estragon, Pfefferminze und Thymian gehören dazu.
Was ist Weinraute?
In den Klöstern des Mittelalters durfte die Weinraute als unentbehrliche Heilpflanze nicht fehlen. Bereits in der Antike genoss die Pflanze ein hohes Ansehen und wurde fast gegen alle Krankheiten verwendet, da man glaubte, dass sie Unglück abwende.
Woher kennen Sie diese Pflanze?
Ich persönlich habe sie einmal auf einem Markt in Göttingen entdeckt. Der zarte, aber würzige Duft hat mich sofort angesprochen und es gibt eine schöne Geschichte zur Weinraute: In Litauen soll es Brauch sein, dass die Braut bei ihrer Hochzeit ein kleines Kränzchen aus Weinraute trägt.
Was wächst noch an selteneren Pflanzen in dem Garten?
Der brennende Dornbusch (Diptam). Er wird seit Jahren von unserer Seniorin Ruth Wendorff sorgsam bewacht, gepflegt und gedeiht in diesem Jahr besonders prächtig.
Verwenden Sie persönlich Kräuter aus dem Garten?
Selbstverständlich. Es ist eine Freude, mit der Schere in den Garten zu gehen und so eine üppige Auswahl vorzufinden.

Zur Ausstattung der reich verzierten Kirche gehört der berühmte Fischbecker Wandteppich. Der Teppich stellt in sechs Bildern die über 1000 Jahre alte Gründungslegende dar. Wertvollster Teil der Stiftskirche ist die unter dem Chor liegende Krypta, die seit dem frühen 12. Jahrhundert unverändert erhalten geblieben ist.

Heute noch geben die Frauen dort die Geschichte und Tradition des Ortes weiter. Daneben versteht sich das Stift als Ort der Begegnung und lädt regelmäßig zu Jahreszeiten- und Orgelkonzerten ein.

Kirchenöffnung und Führungen finden von Ostersonntag bis 31. Oktober statt. Die Stiftskirche ist dienstags bis sonntags von 10 bis 16 Uhr geöffnet. Führungen gibt es täglich außer Montag um 14 Uhr und 15.30 Uhr. Zusätzliche Führungen finden dienstags und freitags um 10 Uhr sowie sonntags ab etwa 11 Uhr nach dem Gottesdienst statt. Gruppen werden um Anmeldung unter Telefon (05152) 98318 oder unter martina.thurmann@stift-fischbeck.de gebeten.

Aus Küche und Garten

Die Gesamtanlage des Stiftes Fischbeck stellt schon an sich ein besonderes Juwel dar. Auch aus volkskundlicher Sicht sind die Gärten von Bedeutung, da ihre wirtschaftliche Nutzung in engem Zusammenhang mit dem klösterlichen Alltag und der klösterlichen Tradition steht. An mittelalterliche Vorbilder knüpft das Stift Fischbeck mit der Anlage seines Kräutergartens an. Inmitten der großen parkähnlichen Gartenanlage mit einem prächtigen Baumbestand sind in einem Bereich von etwa einhundert Quadratmetern kleine Einzelbeete mit einem nach frühmittelalterlichem Vorbild hergestellten Flechtzaun umgeben. Darin wachsen rund 70 Kräuter und Heilpflanzen. Durch die beispielhafte Rekonstruktion der Anlage wird deutlich, dass Gärten für Klöster und Stifte Nutz- und Ziergärten zugleich sind. In ihnen wurden Küchengemüse und -kräuter, Heilpflanzen, aber auch solche Blumen gezogen, die sinnbildliche Bedeutung hatten und wieder in den geistlichen Bereich verwiesen. So gelten die Rose und die Lilie als Marienblumen. Gemüse-, Würz- und Heilpflanzen aber wurden in Küche und Krankenstube verwendet.

Rezepte aus Fischbeck

Rosmarinöl

Die trocknen Zweige in eine Flasche stecken, mit dem Öl auffüllen und verschließen. Vier Wochen auf einem sonnigen Fensterbrett ziehen lassen, gelegentlich schütteln. Anschließend durch ein Tuch seihen und in dunklen Flaschen aufbewahren.

* Hinweis: Rosmarinzweige im Ganzen an der Luft trocknen lassen und erst vor der Verwendung zerkleinern, denn an den Bruchstellen wird das austretende ätherische Öl ranzig.

Zutaten:
4 Zweiglein luftgetrockneter Rosmarin*
1 Liter gutes Olivenöl

Rosmarin-Plätzchen

Alle Zutaten gut verkneten. Den Teig einige Stunden im Kühlschrank ruhen lassen, ausrollen und Plätzchen ausstechen.
ODER: Den Teig in Rollen (Ø 2-3 cm dick) ruhen lassen und am nächsten Tag Scheiben abschneiden.
Backofen vorheizen
160 °; 10 bis 15 Minuten Backzeit (Plätzchen werden recht schnell dunkel!)

Zutaten:
240 g Mehl
80 g Zucker
160 g Butter
2 gehäufte EL Rosmarin *
(an der Luft getrocknet, fein geschnitten)
2 EL Honig
½ TL Backpulver
¼ TL Salz

Estragon-Thymian-Essig

Alles zusammen in eine Flasche geben und gut verschließen.
Zwei bis drei Wochen lang an einem warmen Platz ziehen lassen. (Nicht in der Sonne!)
Anschließend die Flüssigkeit durch ein Tuch seihen und in Flaschen füllen.
Auch geeignet sind Salbei, Oregano, Dill, Lavendel und Bohnenkraut.

Zutaten:
3 Zweiglein Estragon
3 Zweiglein Thymian
1 Liter Wein- oder Obstessig

Ein Kleinod abseits der Wege

Im Kloster Isenhagen gibt es noch Klosterzellen aus dem Mittelalter zu sehen

Abseits des Trubels lädt das idyllisch gelegene Kloster Isenhagen zur Ruhe und Einkehr ein. Als wäre die Zeit stehen geblieben, führt die Atmosphäre der Anlage den Besucher unmittelbar in das 14. Jahrhundert. Sanft eingebettet in ein natürliches Landschaftsrelief und umgeben von viel Grün lädt es zu einer näheren Erkundung ein.

1243 wurde das Kloster von Herzogin Agnes von Meißen, einer Schwiegertochter Heinrichs des Löwen, in Alt-Isenhagen als Zisterzienser-Mönchskloster gestiftet. Bereits nach 16 Jahren brannte das Kloster ab und die Mönche wanderten nach Marienrode ab. Nach dem Wiederaufbau des Hauses zogen 1262 Zisterzienser-Nonnen ein. Seitdem ist es über die Jahrhunderte hinweg ein Frauenkloster geblieben.

Nachdem es zwischenzeitlich noch eine Verlegung in die Ortsmitte von Hankensbüttel erfuhr und ein weiterer Brand für Schäden sorgte, begann man 1345 mit dem Bau des jetzt noch bestehenden Klosters in Isenhagen. In den Jahren 1349/50 sorgte der europaweite Ausbruch der Pest für ein vorläufiges Ende der Bauarbeiten. Der Einführung der Reformation 1527 durch den Landesherrn verweigerte sich das Kloster hartnäckig, bis

Kloster Isenhagen

Kloster Isenhagen, Klosterstraße 2, 29386 Hankensbüttel, Telefon: (05832) 313, Fax (05832) 979408, www.kloster-isenhagen.de, info@kloster-isenhagen.de

Isenhagen

Susanne Jäger,
Äbtissin im Kloster Isenhagen

Wie groß ist der Garten, der zum Kloster gehört?
Es sind 2,5 Morgen Land.
Was genau wird hier alles angebaut?
Erbsen, Möhren, Porree, Sellerie, Bohnen, Steckrüben, Kürbisse, Himbeeren, Erdbeeren, Brombeeren, Heidelbeeren – Zu der großen Bandbreite gehören auch viele Obstbäume.
Was geschieht mit den Erträgen?
Alles, was hier an Gemüse, Obst und Früchten wächst, verzehren wir auch. Was nicht sofort verarbeitet wird, kommt in die Tiefkühltruhen oder wird eingekocht. Natürlich werden auch Marmeladen und Gelees selbst hergestellt. Ein Imker hat hier einige Bienenvölker stehen und diesen Honig mögen wir besonders gern.
Warum pflegen Sie eigentlich diesen großen Garten?
Weil zur Selbstversorgung im Kloster schon immer ein großer Garten gehört und wir bewusst und sehr gern in und mit dieser jahrhundertealten Tradition leben.
Haben Sie eine Lieblingsfrucht oder ein Lieblingsgemüse?
Eigentlich nicht. Je nach Jahreszeit können immer wieder neue Köstlichkeiten geerntet werden. So wie zum Beispiel ein frischer Salat, die ersten Radieschen und Erdbeeren – und die genieße ich dann sehr!
Halten Sie sich oft im Garten auf?
Meistens fehlt mir die Zeit. Aber gerade zum Abend hin halte ich mich gern im Garten auf, genieße die zunehmende Stille und den Tagesausklang.
Seit wann sind Sie hier Äbtissin?
Seit dem 1. September 2009.
Woher stammen Sie ursprünglich?
Aus dem Harz. Dort war ich in den vergangenen Jahren bei der Samtgemeinde Oberharz als Fachdienstleiterin für Bildung, Familie, Kultur und Sport tätig.

1540 die katholische Äbtissin unter dem enormen Druck floh und eine evangelische Äbtissin eingesetzt wurde. Bis heute wird das Kloster Isenhagen als evangelisches Kloster unter Leitung einer Äbtissin fortgeführt.

An bestimmten Tagen und zu verschiedenen Anlässen erklingen noch immer die Stundengebete (Horen).

Zu den besonders prachtvollen Kunstschätzen des Klosters gehören zwei gotische Schnitzaltäre (um 1440 und 1515), eine Renaissancekanzel (1610) und ein Lesepult (um 1200), das vor seinem Umbau der Thronsessel der Stifterin gewesen ist.

Auch der Kreuzgang mit seinen mittelalterlichen figürlichen Steinkonsolen, die das Kreuzrippengewölbe tragen, gehört zu den eindrucksvollen Sehenswürdigkeiten. Von dort lohnt ein Besuch des Innenhofs, der Geborgenheit vermittelt. Ein Blick auf die Fassaden lässt zwei verschiedene Baustile erkennen, denn 1723 wurde die Hälfte der gotischen Anlage abgerissen und in barockem Fachwerkstil wieder errichtet.

Zu besichtigen ist noch der Kapitelsaal, Mobiliar des Mittelalters sowie die spartanischen Klosterzellen. Über alte breite Fußbodendielen führt der Weg im Obergeschoss zu dem modern konzipierten „Museum im Kloster". Dort sind kostbare Textilien, wertvolle Goldschmiedearbeiten, alte Urkunden und seltene Bücher ausgestellt.

Klosterführungen finden vom 1. April bis zum 15. Oktober, dienstags bis sonntags 14.30 Uhr bis 17.00 Uhr statt. Letzter Einlass ist 16.30 Uhr. Da das Kloster bewohnt ist, kann es nur im Rahmen von Führungen besichtigt werden. Karfreitag und anlässlich besonderer Veranstaltungen finden keine Führungen statt.

Aus Küche und Garten

Die Gartenanlage des Klosters Isenhagen geht auf die Zeit zwischen 1723 bis 1726 zurück. Ein Plan aus dem Jahr 1742 belegt, dass es neben den Gärten der Äbtissin und Altäbtissin für die Konventualinnen nur kleine, individuell genutzte Parzellen gab, denen die großzügige, von der Gemeinschaft genutzte Fläche gegenüberstand. Vor einigen Jahren wurde die Barockanlage saniert und in ihrer ursprünglichen Struktur neu belebt. Der 2,5 Morgen große Klostergarten erscheint gemäß seiner ursprünglichen Konzeption aus dem Jahr 1750 als Obst- und Gemüsegarten. Die Erträge der Anlage werden von einer Hauswirtschafterin in der großen Klosterküche für den Konvent und die Gäste des Klosters zubereitet. Dazu gehört auch, dass im Rahmen der Vorratshaltung Gemüse und Früchte eingekocht oder zu Marmeladen verarbeitet sowie tiefgefroren verwahrt werden. Interessierte Besucher haben die Möglichkeit, je einmal im Frühjahr und im Sommer an Führungen durch den Garten des Klosters Isenhagen teilzunehmen. Die Termine werden rechtzeitig auf der Homepage unter den Öffnungszeiten bekannt gegeben.

Rezepte aus Isenhagen

Kürbisgemüse

Den Kürbis schälen und entkernen und in 1 cm große Würfel schneiden, mit Zitronensaft beträufeln und mit Salz bestreuen.
Den Speck in kleine Würfel schneiden.
Die Zwiebel schälen und fein hacken.
Die Speckwürfel anrösten und die Zwiebeln darin andünsten.
Die Kürbiswürfel dazugeben, mit Salz und Pfeffer würzen und mit Fleischbrühe aufgießen. 15 – 20 Minuten bei geöffnetem Topf schmoren, bis das Gemüse gar und die Flüssigkeit fast verdampft ist. Dill und Crème fraîche unterrühren und einige Minuten ziehen lassen. Das Kürbisgemüse ist zusammen mit Kartoffelbrei ein vollwertiges Mittagsgericht.

Zutaten (für vier Portionen):
1 kg Kürbisfleisch
Saft von 1 Zitrone
1 TL Salz
60 g durchwachsener Speck
1 Zwiebel
½ TL. Zucker
etwas frisch gemahlener Pfeffer
¼ l Fleischbrühe
2 EL gehackter Dill
125 g Crème fraîche

Gebackene Quitten mit Mandelbaiser

Mandeln goldbraun rösten und auskühlen lassen. Quitten abreiben, waschen und halbieren, entkernen und etwas aushöhlen. Mit Zitronensaft beträufeln. Rosinen waschen und abtropfen lassen. Mandeln, (bis auf ½ Eßl.), Rosinen und Zimt mischen. Auflaufform fetten, Quitten hineinsetzen, jeweils ¼ Teel. Butter darauf verteilen. Mandelmischung und übrige Butter darauf geben. Quitten im vorgeheizten Backofen (E-Herd: 175° C/Umluft: 150° C) ca. 60 Minuten backen, bis die Quitten weich sind. Eiweiß und 1 Prise Salz steif schlagen, Zucker einrieseln lassen, Eischnee ca. 10 Minuten vor Ende der Backzeit auf die Quitten verteilen und zu Ende backen. Herausnehmen und etwas abkühlen lassen. Mit den restlichen Mandeln bestreuen und mit Puderzucker bestäuben. Eine köstliche Nachspeise!

Zutaten:
3 EL Mandelstifte
4 Quitten (à ca. 300 g)
2 EL Zitronensaft
50 g Rosinen
1 Messerspitze Zimt
8 TL Butter
2 Eiweiß
Salz
100 g Zucker
Margarine zum Einfetten
Puderzucker zum Bestäuben

Zutaten (für vier Personen):
3/4 l Gemüsebrühe
250 g Schlagsahne
4 EL fein gehackter Kerbel
Salz
Zitronensaft
50 g Butterflöckchen
2 Eigelb

Kerbelsuppe

Brühe zum Kochen bringen. Von der Sahne zwei Eßlöffel zurücklassen, restliche Sahne mit drei Eßlöffeln Kerbel pürieren und in die Brühe geben. Mit Salz und Zitronensaft abschmecken.
Butter einrühren, zurückgelassene Sahne mit Eigelb verrühren und die Suppe damit legieren. Suppe mit restlichem Kerbel bestreut servieren.

840 Jahre klösterliches Leben inmitten der alten Salzstadt

Seine wertvollen Teppiche und Stickereien zeigt Kloster Lüne in einem Textilmuseum

Ein Besuch im Kloster Lüne wirkt wie eine farbenprächtige Zeitreise. Wer die Anlage des geschichtsträchtigen Ortes mit seinen zahlreichen Kunstschätzen betritt, fühlt sich sofort von der besonderen Atmosphäre inspiriert.

Um 1170 gründete eine kleine Gruppe frommer Frauen um Hildeswidis von Markboldestorp eine Klostergemeinschaft und begann um 1172 den Bau der Klosteranlage. 100 Jahre später ist belegt, dass der Konvent nach der Regel des heiligen Benedikt lebte. Nach zwei Bränden 1240 und 1372 wurde das Kloster in Backstein neu errichtet und in den folgenden Jahrhunderten erweitert. Gegen die Einführung der lutherischen Reformation im Herzogtum Braunschweig-Lüneburg wehrte sich die Klostergemeinschaft vehement. Erst 1562 wurde die erste evangelische Äbtissin gewählt. Seitdem lebt in Lüne ein evangelischer Konvent, in einer Glaubens-, Arbeits- und Lebensgemeinschaft nach Klosterordnungen der jeweiligen Landesherren.

Der Klosterhof ist von drei Seiten mit Backsteinbauten umgeben. Auf der vierten Seite bildet das rosafarbige spätbarocke Gästehaus einen spannungsreichen Kontrast zu den roten Backstei-

Kloster Lüne

Kloster Lüne, Am Domänenhof, 21337 Lüneburg, Telefon (04131) 52318, Fax (0413) 56052, www.kloster-luene.de, info@kloster-luene.de
Die Führungen durch das Kloster finden vom 1. April bis 15. Oktober, dienstags bis samstags 10.30 Uhr, 14.30 und 15.30 Uhr sowie an Sonn- und Feiertagen 11.30 Uhr, 14.30

Lüneburg

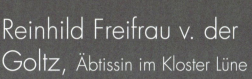

Reinhild Freifrau v. der Goltz, Äbtissin im Kloster Lüne

Seit wann sind Sie die Äbtissin des Klosters Lüne?
Im November 2007 übernahm ich die Geschäftsführung. Als Äbtissin wurde ich im März 2008 eingeführt.

Was ist Ihre Profession?
Pharmazie, Landwirtschaft, Denkmalschutz und natürlich meine vier Kinder.

Woher kommen Sie ursprünglich?
Aufgewachsen bin ich in Schleswig-Holstein. 1982 zog ich mit meinem Mann und den Kindern nach Niedersachsen in den Kreis Celle.

Hatten Sie vorher schon Kontakt zu einem Kloster?
In Wienhausen habe ich 15 Jahre lang Besucher durch das Kloster geführt, in dem auch meine Schwägerin als Konventualin lebt.

Was bedeuten für Sie Kräuter?
Für mich stellen Kräuter köstliche und unentbehrliche Zutaten für Gerichte und Soßen dar. Ebenso haben sie ihre Bedeutung als Heilkräuter behalten, die sie schon seit mehr als 1000 Jahren als Hauptbestandteil des Heilkräuter - oder Gewürzgartens (Herbularius) in der klösterlichen Gartenkultur innehaben. Besonders gern verwende ich beispielsweise Salbei und Thymian frisch aus unserem Kräutergarten, der bei den Besuchern außerordentlich beliebt und Anziehungspunkt auch bei unseren Gartenführungen ist.

Befinden sich noch Unterlagen von überlieferten Rezepten im Kloster Lüne?
Es gibt interessante Rezepte und Unterlagen in Archiv und Bibliothek des Klosters. Erhalten sind auch viele Überlieferung wie zum Beispiel, dass der Pastor zu bestimmten Festtagen Weinsuppe in einer großen Silberschale mit Deckel erhielt oder die Schwestern Glühwein in kleinen Pokalen, wenn sie die Nacht hindurch neue Kerzen zogen.

Wie gestaltet sich die Klosterküche heute?
Zu Konventssitzungen, an Festtagen und für Gäste kocht der Konvent gemeinsam oder im Wechsel in der Konventsküche.

nen. Über den Klosterhof gelangt der Besucher zur großen Brunnenhalle mit dem gotischen Brunnen. Seit 600 Jahren fließt dort das Wasser eines nahegelegenen Teiches in eine große bronzene Schale. In den bis heute fast unverändert erhaltenen historischen Räumen erwarten den Besucher zahlreiche wertvolle Kunstschätze. Viel Facettenreiches ist in den Führungen über die Ausstattung des Klosters mit seinem Kreuzgang, Buntglasfenstern aus dem 14. Jahrhundert, dem Refektorium mit den Seccomalereien, dem Sarggang oder die zum Teil in nachreformatorischer Zeit ausgemalten ehemaligen Nonnenzellen zu erfahren. Einen weiteren Höhepunkt stellt der Anblick des Nonnenchores mit einem kostbaren Beweinungsbild von Lucas Cranach d. Ä. dar.

Im 1995 erbauten Museum für textile Kunstschätze, das mit einem Laubengang mit der Anlage verbunden ist, werden Kostbarkeiten aus sechs Jahrhunderten für die Zukunft bewahrt. Dort werden Altar- und Fastentücher in Leinenstickerei aus dem 13. und 14. Jahrhundert gezeigt, sowie großformatige, farbige Bildteppiche und Banklaken im „Klosterstich" um 1500 von den Benediktinerinnen im Kloster gestickt. Auch die einzigartigen Prozessionsfahnen in Temperamalerei werden hier präsentiert.

Jedes Detail des bedeutenden Ortes zeugt davon, dass das Kloster Lüne zu den großartigsten und ältesten Sehenswürdigkeiten der historischen Salz- und Hansestadt Lüneburg zählt. Jährlich werden mehr als 15 000 Besucher mit Vorträgen über theologische, historische und kunstgeschichtliche Inhalte geführt. Daneben finden auch zahlreiche Veranstaltungen verschiedenster kultureller wie philosophischer und gesellschaftspolitischer Art statt.

und 15.30 Uhr statt. Montags und Karfreitag ist geschlossen. Das Museum ist dienstags bis samstags von 10.30 Uhr bis 12.30 Uhr und 14.30 Uhr bis 17 Uhr geöffnet. An Sonn- und Feiertagen 11.30 Uhr bis 13 Uhr und 14.30 und 17.00 Uhr. Gruppenführungen sind zwischen dem 16. Oktober und 31. März auf Anfrage möglich. Das Café im Kloster ist im Sommerhalbjahr dienstags bis sonntags von 10 bis 18 Uhr geöffnet. Winterhalbjahr und Sonderveranstaltungen auf Anfrage, Telefon (04131) 249 892
Ein Besuch der Weberei ist dienstags bis freitags von 10 Uhr bis 17.30 Uhr möglich. Im Winterhalbjahr auf Anfrage, Telefon (04131) 409 648.

Das Feuer hüten

Aus Küche und Garten

Umgeben von alten Klostermauern befindet sich im Kloster Lüne ein idyllischer Heil- und Gewürzkräutergarten, eine Streuobstwiese, ein blumenbepflanzter, malerischer Innenhof, die große Bleiche und der Äbtissinnengarten mit Lüneburgs ältestem Baum - einer 600jährigen Eibe. Zwischen Siechenhaus, Refektorium, Sommer-Remter (alter Küche) und Arbeitshaus liegt der Kräutergarten. Von allen Seiten durch die Gebäude geschützt, herrschen dort besondere klein-klimatische Bedingungen. Als einziges Geräusch ist das beruhigende Plätschern des Brunnens am Eingang zu hören. Der Pflanzenbestand und Gestaltung dieses Gartenbereichs wurde vor einigen Jahren den wenigen in Mitteleuropa überlieferten Zeugnissen historischer Vorbilder nachempfunden. Viele der angebauten Kräuter und Stauden wurden bereits in dem 795 nach Christi von Karl dem Großen erlassenen Capitulare de villis vel curtis imperialibus erwähnt.

Allein für die Verwendung in der Klosterküche als auch für die Pflege der Kranken im Siechenhaus musste die Kultivierung von Gewürz- und Heilpflanzen im klösterlichen Garten in Lüne unentbehrlich gewesen sein. Noch bis in das 20. Jahrhundert versendete das Kloster Heilmittel in die Region. Im ehemaligen Kornspeicher des Klosters befindet sich das Klostercafé, betrieben von der „Neuen Arbeit Lüneburg", einer diakonischen Einrichtung, die dort vorbelastete Jugendliche in Ausbildungs- und Arbeitsprozesse eingliedert. Der Raum für die Gäste hat eine reizvolle Deckenmalerei aus der Zeit der Renaissance. Das Café bietet Gerichte mit einem Bezug zum Kloster an, wie beispielsweise die Klostersuppe, Klosterbrötchen mit frischen Kräutern und einen „Äbtissinnenbecher" mit Früchten. Es werden vornehmlich biologisch hergestellte Produkte verwendet.

Rezepte aus Lüne

Klosterbrötchen

Aus den Zutaten einen Hefeteig herstellen.
Kräuter: Rosmarin, Thymian, Salbei, Schnittlauch, Petersilie – klein hacken und in den Teig mischen. Anschließend zu Brot oder kleinen Brötchen formen.

Backofen: Umluft – 160 Grad – 10 Minuten

Zutaten:
500 g Mehl
125 ml Milch
125 ml Wasser
1 Würfel frische Hefe
eine Prise Salz

Kloster-Sommer-Grütze
frei nach Hermann Löns

Rhabarber abziehen, klein schneiden, mit Zucker vermischen und ziehen lassen, damit sich Saft bildet. Weichkochen und eventuell etwas Wasser dazugeben. Erdbeeren hinzufügen, einmal aufkochen lassen. 1 oder 2 EL Puddingpulver (je nach Menge der zu bindenden Flüssigkeit) in kaltem Wasser auflösen und in die Früchte geben. Einmal aufkochen lassen, bis die Masse dickflüssig ist. In eine Schüssel oder portionsweise in Schalen füllen, mit Minze anrichten und kaltstellen. Wahlweise klein gehackte Minze oder Zitronenmelisse zum letzten Aufkochen dazugeben.

Zutaten:
500 g Rhabarber
500 g Erdbeeren
6 EL Zucker
Vanillezucker
Vanille-Puddingpulver
Minze oder Zitronenmelisse

*»Nach Lüne!« heißt darum die Losung,
Die jetzt erschallet durch die Welt;
Wer keine Grütze hat im Kopfe,
Bekommt in Lüne sie für Geld!"*

(Hermann Löns: Auf nach Lüne, 4. Strophe)

Ein Leuchtturm im Neustädter Land

Im Kloster Mariensee kann man klösterliche Kulturtechniken lernen

"Wer Freude hat am Wort Gottes, ist wie ein Baum an Wasserbächen": Wer heute den knorrig gewachsenen Apfelbaum am Klosterbach betrachtet, kann nachempfinden, dass dieses Wort aus dem Buch der Psalmen Frauen im Kloster Mariensee seit über 800 Jahren inspiriert hat.

Das Kloster ist das einzige der fünf Calenberger Klöster, das nach den Regeln der Zisterzienser lebte. Es wurde im 13. Jahrhundert für eine Stiftung des Grafen Bernhard II. von Wölpe errichtet. Die frühgotische Backsteinkirche ist als einziges Gebäude aus der Gründungszeit erhalten geblieben. Während Kanzel, Altar und Gestühl aus dem 19. Jahrhundert stammen, erinnern andere stumme Zeugen an die frühere Geschichte. Das älteste sakrale Kunstwerk der Kirche, ein Kruzifix aus dem 13. Jahrhundert, hing ursprünglich als Triumphkreuz im Angesicht der Nonnen. Diese beteten auf einer steinernen Empore, die im 18. Jahrhundert durch eine hölzerne ersetzt wurde. An die vorreformatorische Zeit erinnert außerdem noch eine Grabplatte an der Nordwand unter der Orgelempore.

Gleich nach der Einführung der Reformation stiftete 1545 der

Kloster Mariensee

Kloster Mariensee, Höltystraße 1, 31535 Neustadt am Rübenberge. Telefon (0 50 34) 879990, Fax (0 50 34) 879 99 29, www.kloster-mariensee.de

Mariensee | 27

Hildegard Schaub,
Konventualin im Kloster Mariensee

Seit wann leben Sie hier im Kloster Mariensee?
Seit 1996.
Wie sind Sie dazu gekommen, und was war Ihr vorheriger Beruf?
Ich war als freischaffende Künstlerin tätig. Als meine Tochter eine Ausstellung im Kloster Mariensee machte, war ich zum ersten Mal hier. Wenig später fragte mich die damalige Äbtissin, ob ich mir ein Leben im Kloster auf Dauer vorstellen könnte.
Womit arbeiten Sie besonders gern?
Mein Werkstoff ist der Beton. Im ehemaligen Waschhaus konnte ich mir eine eigene Werkstatt einrichten. Momentan bin ich aber vor allem im Garten aktiv!
Was sind Ihre Zukunftspläne in Bezug auf den Klostergarten?
Wir haben schon damit begonnen, die Anlage mit alten Sorten, wie Eberesche oder der Hauszwetschge aufzufüllen. So können wir den Besuchern ein Stück historischer Gartenkultur nahebringen.
Wie oft und wie lange halten Sie sich im Garten auf?
Täglich mehrere Stunden.
Hier engagieren sich auch viele ehrenamtliche Mitarbeiter. Wer kümmert sich um den Kräutergarten?
Beate Gehrke ist unsere „Kräuterfrau". Sie hat gerade den Bereich, der nach dem Vorbild mittelalterlicher Klostergärten angelegt ist, neu bepflanzt. Und wenn besondere Ereignisse ins Haus stehen, macht sie uns ihren leckeren Kräuteraufstrich!
Haben Sie einen Lieblingsplatz im Garten?
Ja. Es ist ein alter Apfelbaum, der wahrscheinlich durch die Wasseradern im Untergrund, wie ein Kunstwerk gewachsen ist.

lutherische Probst Dietrich Ridder den Taufstein. Er erhielt im 20. Jahrhundert eine moderne Abdeckung, die heute als Taufschale genutzt wird. Von der barocken Innenausstattung ist ein Taufengel geblieben, der über einem neugotischen Taufstein unter der Orgelempore hängt. Im Dreißigjährigen Krieg wurde das Kloster fast völlig zerstört. So entstand zwischen 1723 und 1727 das neue Konventgebäude als Vierflügelanlage, die durch ihre Einheitlichkeit und Geschlossenheit beeindruckt. Darin gibt es 13 Wohnungen, deren größte für die Äbtissin bestimmt war. Eine kleine steinerne Wendeltreppe hinter einer unscheinbaren Tür ist das letzte Zeugnis der reformunwilligen Nonnen von 1455. Bei den Führungen durch das Kloster Mariensee wird die Geschichte von den Nonnen erzählt, die sich über diese Stiegen auf den 16 Meter hohen Dachboden des Kirchenschiffs flüchteten und sich dort über einen längeren Zeitraum verschanzten.

Vom Kreuzgang geht es durch zweiflügelige Türen zu den inzwischen modernen Wohnungen der Konventualinnen. Hinter einer der Türen ist die ehemalige Aufteilung mit Holzkammer, Küche, Gewölbekeller und Gartenzimmer zu sehen. In weiteren Räumen befindet sich das Klostermuseum. Dort wird in Raum, Wort und Ton eine Reise in die Geschichte der niedersächsischen Frauenklöster angeboten. Im Obergeschoss ist das Klahn-Museum mit Arbeiten des norddeutschen Künstlers Erich Klahn eingerichtet.

Das Kloster bietet ein umfangreiches Jahresprogramm an, das Angebote wie Stundengebete, Einkehrtage, Ausstellungen, Konzerte und Seminare zu klösterlichen Kulturtechniken – Sticken und Kalligrafie – umfasst. So tragen die Frauen die Freude am Wort Gottes in die Zukunft.

Das Kloster ist ganzjährig geöffnet und über den Haupteingang durch den Kreuzgang begehbar. Führungen durch das Kloster finden von Ostermontag bis zum 2. Sonntag im Oktober immer sonnabends sowie an Sonn- und Feiertagen jeweils um 15 und 16.30 Uhr statt. Gruppen werden um frühzeitige und schriftliche Anmeldung gebeten. Die Gärten sind nur im Rahmen der Klosterführungen und am Freitagnachmittag während der Führungszeit zugänglich. Für besondere Interessen und Altersgruppen haben die Klosterführerinnen zusätzliche Angebote vorbereitet. Das Klostermuseum ist ebenfalls während der Führungszeit dienstags bis freitags von 15 bis 17 Uhr, sowie sonnabends, sonntags und an Feiertagen von 15 bis 18 Uhr geöffnet. Das Klahn-Museum ist während der Führungszeit sonnabends von 15 bis 18 Uhr geöffnet. Gruppen werden um Voranmeldung gebeten.

Das Feuer hüten

Aus Küche und Garten

In ihrem Aufbau entsprechen die Gärten des Klosters Mariensee der Neuanlage aus dem 18. Jahrhundert. Hier befinden sich auch die früheren Ställe sowie das Wasch- und das Toilettenhaus.
An die Abtei sowie an die zwölf Wohneinheiten der Konventualinnen schließt sich ein Ziergarten an. Außerdem ist jeder Einheit eine Parzelle im sogenannten Eichgarten zugeteilt, wo Obst und Gemüse für den Eigenbedarf angebaut wird. Seit dem Frühmittelalter gaben die Klöster ihr Wissen um die Kultur, Pflege und Verwendung von Heil- und Gewürzpflanzen weiter. So sind im 20. Jahrhundert auch die Kräutergärten nach historischen Vorbildern entstanden. Zu den vier großen Bereichen gehört der Garten nach dem sogenannten St.-Galler-Plan. Er wurde nach dem ältesten überlieferten Plan eines Klosters angelegt, der um 820 auf der Bodenseeinsel Reichenau entstanden ist. Ein weiterer Bereich ist den Gewürzen und Kräutern nach Hildegard von Bingen gewidmet. Außerdem gibt es einen Duft- und Tastgarten für Blinde sowie ein Paradiesgärtlein mit Buchsbaum, Rosen und Lavendel.
Von Ostermontag bis zum 2. Sonntag im Oktober sind die Gärten im Rahmen der Klosterführungen sonnabends und an Sonn- und Feiertagen um 15 und 16.30 Uhr zugänglich. In dieser Zeit können sie auch immer freitags von 15 bis 17 Uhr bei der „Offenen Pforte" besichtigt werden.
Ebenfalls freitags sowie an den Wochenenden und Feiertagen von 14.30 bis 18 Uhr gibt es im Klostercafé Kaffee, Tee und selbst gebackenen Kuchen. Dort werden auch Kunsthandwerk und Erzeugnisse aus anderen Klöstern oder aus der Region angeboten.

Rezepte aus Mariensee

Nervenkekse
nach Hildegard von Bingen

Im 12. Jahrhundert hat man zum einen die wertvollen Gewürze in dieser Form aufgehoben, zum anderen reichte man so Medizin dar. Die Kekse sind also Vorläufer unserer heutigen Tabletten. „Natürlich ist unser Rezept modernisiert", erklärt Äbtissin Bärbel Görcke. Doch immer noch ist so viel Muskat darin enthalten, dass man nicht mehr als drei Kekse pro Tag essen sollte.

Aus den Zutaten zügig einen geschmeidigen Teig kneten, zu Rollen formen und mindestens 30 min. kühl stellen. Scheiben abschneiden, auf dem Backblech bei 180° 20-25 Minuten backen. Die Kekse sind sehr lange haltbar!

Zutaten:

650 g Dinkelmehl
200 g Butter
100 g Rohrzucker
100 g gehackte Mandeln
2 Eidotter
1 Ei
25 g Zimt (gemahlen)
25 g Muskat (gemahlen)
7,5 g Nelken (gemahlen)
Prise Salz, Wasser

Grießklößchen

Zutaten:

½ l Milch
50 g Butter
etwas Salz: erhitzen,
1 Tasse Grieß einrieseln lassen, abbrennen. Masse etwas abkühlen lassen, dann
2 Eier unterrühren.

Mit einem Esslöffel Klößchen abstechen und in die kochende Suppe geben. Sie sind gar, wenn sie nach oben kommen. Schmecken hervorragend zu Rhabarbersuppe!

Kräuteraufstrich
„Quer durch den Garten"

Gehen Sie durch Ihren Garten. Welch ein Duft! Pflücken Sie hier und da ein paar Kräuter: Schnittlauch, Petersilie, Majoran, Thymian, Rauke, ein Zweiglein Ysop, etwas Sauerampfer – alles, was Sie gerade finden und worauf Sie Lust haben. Hacken Sie die Kräuter klein und mischen sie mit etwas Frischkäse oder Butter. Nun fehlt nur noch eine Scheibe Vollkornbrot. Guten Appetit!

Stilistische Zeitzeugen über den Zeitraum von 800 Jahren

Im Kloster Marienwerder können Menschen geborgen alt werden

Zwischen Deister und Leine, im äußersten Nordwesten von Hannover, liegt am Rande des Hinüberschen Landschaftsparks auf einer heute nicht mehr erkennbaren Leine-Insel das ehemalige Augustiner-Nonnenkloster Marienwerder. Gestiftet wurde es 1196 von Graf Konrad I. von Roden an der Stelle, wo der Legende nach ein wundertätiges Marienbild angeschwemmt worden war. Im Jahre 1216 wurde das Kloster mit Augustinernonnen aus Obernkirchen besetzt.

Die Klosteranlage brannte 1335 fast völlig aus, wurde aber bis 1338 wieder aufgebaut. Die heutigen Konventgebäude sind zwischen 1688 (eingeschossiger Süd- und Westflügel in Fachwerk) und 1724 (zweigeschossiger abgewinkelter massiver Ostflügel) entstanden. Ein Kellergewölbe unter dem Südflügel bildet den Rest der mittelalterlichen Klosteranlage. Zu Beginn des 19. Jahrhunderts wurde das Kloster säkularisiert. Heute ist es ein Damenstift und Pflegeheim.

Die um 1200 entstandene Klosterkirche ist das älteste Kirchengebäude der Stadt Hannover. Das Äußere der kleinen Kirche wird seit der Restaurierung um 1860 wieder als romanische Basilika erkennbar, wenn auch das nördliche Seitenschiff fehlt.

Kloster Marienwerder

Kloster Marienwerder, Quantelholz 62, 30419 Hannover, Telefon (0511) 279 46 59-91, Fax (0511) 279 46 59-99, www.marienwerder.de und www.klosterkammer.de, info@kloster-marienwerder.de

Rosemarie Meding,
Äbtissin im Kloster Marienwerder

Welchen Bezug haben Sie zum Garten?
Im Mutterhaus der Franziskanerinnen habe ich eine ländliche Hauswirtschaftslehre abgeschlossen. Ich gehörte damals zu den ersten evangelischen Schülerinnen. Während dieser Zeit habe ich zum Beispiel meinen ersten Spargel im Garten der Franziskanerinnen selbst gestochen.
Wie sind Sie dazu gekommen?
Als Jugendliche hatte ich eigentlich den Wunsch, Ökotrophologin zu werden.
Wie war Ihr Werdegang, bevor Sie Äbtissin wurden?
In Thedinghausen und Osnabrück war ich als Diakonin tätig. Anschließend arbeitete ich als Krankenhaus- und Altenheimseelsorgerin im Clementinenhaus Hannover, danach als Oberin im Diakonissen-Mutterhaus und Diakoniekrankenhaus Rotenburg (Wümme).
Was waren dort Ihre Schwerpunkte?
Die geistliche Begleitung der Schwesternschaften sowie in allen Lebenslagen, Gestaltung von kulturellem Leben im Kirchenjahr, von Ritualen, der pfarramtliche Dienst, Mitarbeiterverantwortung und Etatverwaltung, Innerbetriebliche Fort- und Weiterbildung sowie die Seelsorge in einer Einrichtung des Betreuten Wohnens mit 108 Wohnungen.
Was bedeutet für Sie der Garten heute?
Ich bin unwahrscheinlich gern in der Natur. Es ist ein Hören auf die Natur: der Gesang der Vögel, das Rauschen der Blätter und das Quaken der Frösche. In Marienwerder ist es einfach paradiesisch.
Wie erledigen Sie die Gartenarbeit?
Da ich den direkten Kontakt bevorzuge, trage ich bei der Gartenarbeit nie Handschuhe.

Seit der Reformation 1542 ist der Konvent im Kloster Marienwerder evangelisch. Unter Leitung der Äbtissin und nach dem Leitbild „Geborgen alt werden in Marienwerder" begleitet die Gemeinschaft Frauen aus den anderen Klöstern und Stiften sowie aus dem Ort. Das Kloster gehört zu den fünf Calenberger Klöstern - Barsinghausen, Marienwerder, Wennigsen, Mariensee und Wülfinghausen.

Prägnant und charakteristisch für das Erscheinungsbild des Kirchenraums ist eine Komposition von Romanik und hannoverscher Architektenschule. Eine aus Ziegeln gemauerte lange Nonnenempore wurde entfernt und dafür die Orgelempore, Damenempore und Pächterempore gebaut. Die ornamentreiche Ausmalung des Altarraums stammt von 1885; etwa 15 Jahre später erhielt die Hauptapsis ihre farbenprächtigen Buntglasfenster. Zur sehenswerten Ausstattung gehören die wertvollen Altäre, gotischen Kelche, die niederdeutsche Kreuzigungsgruppe in der Kirche sowie die barocke Stuckdecke im Konventsaal und im Chorgang die Grabplatten von Rittern verschiedener Adelsgeschlechter mit Verbundenheit zum Kloster. Inschriften und historische Dokumente geben Zeugnis von der traditionsreichen Geschichte des Klosters.

Von den ersten Mauern aus dem Jahr 1200 bis zu der 1997 gestalteten modernen Bronzetür ist der jeweilige Zeit- und Kunstgeist verschiedener Epochen deutlich am Bau des Klosters Marienwerder erkennbar.

Die Klosterkirche ist sonntags von 14 Uhr bis 16 Uhr geöffnet. Führungen durch das Kloster sind nur nach telefonischer Vereinbarung möglich.

Das Feuer hüten

Aus Küche und Garten

Der idyllisch angelegte Klostergarten von Marienwerder befindet sich direkt neben dem Landschaftspark Hinüberscher Garten. Er ist in einen Nutz-, Zier-, Sträucher und Blumengarten eingeteilt. Eine Obstwiese liegt neben den kleinen Nutzgärten, wo Gemüse gezogen wird. Bohnen ranken sich an Stangen empor, Kartoffeln, Rhabarber und Salat gedeihen ebenfalls prächtig. Einige der Beete sind von Heckenrosen gesäumt, Baumgruppen geben der Anlage Struktur. Selbst der alte Friedhof wirkt mit seinen historischen Gräbern, die zum Teil mit Efeu bewachsen sind, wie ein kleiner Garten. Im hinteren Teil des Gartens stehen Bienenkörbe, die von einem Imker betreut werden. Eine Wildblumenwiese mit mehreren Sitzecken ziert das Zentrum des Klosters, den Innenhof vom Kreuzgang.

Rezepte aus Marienwerder

Gemüsesuppe mit Dinkel

Butter, Möhren und Sellerie in den Topf geben und erhitzen und anschwitzen, danach Kartoffelstücke, Blumenkohl, Kohlrabi, Dinkel dazugeben und die Brühe aufgießen.
Zum Kochen bringen und dann im geschlossenen Topf 20 Min. bei mittlerer Hitze kochen lassen.
Porreescheiben dazugeben und nochmals 10 Min. kochen.
Mit Salz, Pfeffer, etwas Kümmel abschmecken, evtl. noch etwas Wasser nachgeben.
Petersilie vor dem Servieren drüberstreuen.
Sauerrahm kann sich jeder nach Geschmack direkt in den Suppenteller geben.

Zutaten:
1 Möhre (waschen, putzen, in Scheiben schneiden)
200 g Sellerie (großzügig schälen und würfeln)
½ kleinen Blumenkohl (waschen, putzen, in Röschen teilen)
½ Kohlrabi (schälen, in Scheiben schneiden)
100 g Kartoffeln (schälen und würfeln)
½ Stange Porree äußere Schichten und Blattenden abschneiden, in Scheiben schneiden
½ Bund Petersilie (waschen, entstielen und hacken)
300 ml Gemüsebrühe ansetzen
30-40 g Dinkel (Grünkern)
1 EL Butter
100 g Sauerrahm

Mascarpone-Creme mit Beeren

Zutaten:
500 g Himbeeren
100 g Löffelbiskuits
5 EL Himbeer-Sirup
250 g Mascarpone (ital. Frischkäse)
150 ml fettarme Milch
100 g Magerquark
2 EL Mandelsirup

Himbeeren waschen und putzen. Boden einer flachen Glasschüssel mit Biskuits auslegen. Mit 2 EL Sirup beträufeln. Hälfte des Mascarpones mit Milch und restlichen Sirup verrühren und auf die Biskuits geben. Die schönsten Himbeeren zur Seite legen. Rest auf der Mascarpone-Masse verteilen. Übrigen Mascarpone mit Quark und Sirup verrühren, auf die Beeren streichen und zwei Stunden in den Kühlschrank stellen. Vor dem Servieren mit den restlichen Himbeeren verzieren.

Wo die Glocken noch mit Hand geläutet werden

Mittelalterliche Kompositionen aus dem Kloster Medingen werden bis heute gesungen

Schon von Weitem beeindruckt Kloster Medingen mit dem schlossähnlichen Gebäude im klassizistischen Stil, dem barocken Kirchturm und der hellen Rundkirche. Es gehört zu den sechs „Lüneburger Klöstern", die sich seit dem Mittelalter in der Heide erhalten haben. Im Jahre 1228 gründete ein Zisterzienserlaienbruder mit vier Nonnen aus dem Kloster Wolmirstedt einen Konvent. Nach Aufenthalten im Wendland, in Bohndorf und Altenmedingen, wo sie unter dem Schutz der Ritter von Meding standen, zogen sie 1336 nach Medingen, wo das Kloster 1336 im Stile der Backsteingotik erbaut wurde. Bereits im Mittelalter kam dem Kloster eine große kulturhistorische Bedeutung zu. In dieser Zeit entstanden dort zahlreiche Kirchenlieder, die noch heute von beiden Konfessionen gesungen werden. Nach heftigen Auseinandersetzungen mit dem Landesherren, Herzog Ernst dem Bekenner zu Braunschweig und Lüneburg, trat das Kloster 1555 schließlich zum evangelischen Glauben über. Nach einem verheerenden Brand im Jahre 1781 musste es neu erbaut werden (1782–88). Nur das gotische Brauhaus blieb erhalten. Im Jahr 2004 wurde das renovierte Brauhaus seiner Nutzung als Begegnungsstätte, Ausstel-

Kloster Medingen

Kloster Medingen, St. Mauritius Klosterweg 1, 29549 Bad Bevensen, Telefon (05821) 2286, Fax (05821)967751, www.kloster-medingen.de

Medingen | 35

Heidelinde Borcherding,
Konventualin im Kloster Medingen

Ihre Profession ist der Garten. Woher kommt die Leidenschaft für den Garten?
Schon seit meiner Kindheit beschäftige ich mich mit der Gartenarbeit. Das ist mein Hobby.

Haben Sie hier einen Garten angelegt und was bauen Sie an?
Ja. Schon den zweiten. Es sind viele Blumen, Kräuter und auch Gemüse.

Wie hat sich das Bild des Klostergartens im Verlauf der Jahrhunderte entwickelt?
Es hat sich auf jeden Fall verändert. Speziell hier nach dem Brand. Unsere Gärten unterscheiden sich von denen des Mittelalters. Wir haben hier eher Landschaftsgärten mit einem schönen alten Baumstand als Nutzgärten.

Verwenden Sie viele Früchte des Gartens?
Den ganzen Sommer lebe ich von den Erträgen des Gartens. Obst und Gemüse ist reichlich vorhanden.

Was ernten Sie?
Petersilie, Schnittlauch, Bärlauch, Kohlrabi, Bohnen, Erbsen, Möhren, Mangold, Tomaten, Gurken, Zucchini.

Was bedeuten für Sie die Kräuter?
Etwas ganz besonderes, denn Kräuter tragen erheblich zum Geschmack bei. Kräuter aus dem Garten geben den Speisen die richtige Würze.

Haben Sie ein Lieblingskraut?
Dill schmeckt köstlich. Gurkensalat könnte ich mir ohne Dill nicht vorstellen. Außerdem ist alles aus dem eigenen Garten ungespritzt.

Wie lautet Ihr Resümee?
Es gibt nichts Schöneres als im Garten zu ernten und dann die Erträge in der Küche anzurichten.

lungs- und Tagungsraum sowie als Konzertsaal übergeben. Mit der Sanierung des ehemaligen Knechtshauses 2007 wurde ein Bereich für Gäste geschaffen. Er ist vom Kloster getrennt, verfügt aber über eine Terrasse, die einen schönen Blick über die Bleichwiese in den parkartigen Garten des Klosters bietet.

Die Konventualinnen sind heute auch für die Kunstschätze des Klosters verantwortlich. Sie kümmern sich um die Weitergabe von Wissen und führen regelmäßig Besucher durch die Anlage. Zu den wichtigsten Schätzen gehören der Äbtissinnen-Krummstab von 1494, die goldene Reliquienstatue des Hl. Mauritius aus dem 15. Jahrhundert, ein Webteppich aus dem 16. Jahrhundert, altes Silber und Porzellan, mittelalterliche Truhen und Schränke sowie filigrane Stickereien mit Flussperlen aus der Ilmenau.

Als dominierendes Element der Klosteranlage gilt der 40 Meter hohe Kirchturm mit seinem grün patinierten kupfernen Dach. Er ragt aus der Mitte des Flügelbaus empor. Dort werden regelmäßig die Glocken noch mit der Hand geläutet. Der kreisrunde Kuppelbau der Kirche des Hl. Mauritius ist auf einen „Auferstehungsaltar" gegenüber dem Eingang ausgerichtet. Die klaren Formen und hellen Farben des klassizistischen Raumes vermitteln schon beim Betreten des Raumes das Gefühl einer inneren Ruhe und Ausgeglichenheit. Der Kanzel gegenüber befindet sich, mit einem eigenen schlichten Altar, der Nonnenchor der Konventualinnen.

Der stimmungsvolle Kapitelsaal, in dem auch zahlreiche Bildnisse der Äbtissinnen seit dem 17. Jahrhundert zu sehen sind, wird unter anderem für die Zusammenkünfte des Konvents genutzt. In den Sommermonaten finden in diesem Festsaal, im ehemaligen Brauhaus oder in der barocken Rundkirche die Veranstaltungen vom „Musikalischen Sommer im Kloster Medingen" statt.

Vom 1. April bis zum 15. Oktober finden dienstags bis sonnabends 10 Uhr und von 14 bis 16.30 Uhr sowie sonntags 11 Uhr und von 14 bis 16.30 Uhr Führungen durch das Kloster statt. Montags sowie am Dank- und Weihfest des Klosters (23. und 24. August) ist geschlossen.
Sonderführungen für Gruppen, auch nach dem 15. Oktober, können direkt im Kloster, Telefon 05821 967838, gebucht werden.

Aus Küche und Garten

Offen und großzügig sind die Gärten von Kloster Medingen gestaltet. In den unterschiedlich gestalteten Bereichen wechseln sich Blumen- und Gemüsebeete, Rasenflächen, Obst- und Ziergehölze ab. Der abwechslungsreiche, leicht geschwungen angelegte Landschaftsgarten ist durch große Gehölze, und niedrige Beete geprägt. Ursprünglich war die Anlage in 25 Damengärten eingeteilt. Der größte gehörte immer der Äbtissin. Mit jeder Konventualin fand früher auch immer eine neue Aufteilung der Parzellen statt.

Heute stellen eine mehr als 200 Jahre alte Magnolie und eine ebenfalls sehr alte Blutbuche besondere Schätze des Gartens dar. Seltene Sorten, wie die Klappernuss oder der Zisterzienserapfel werden in der Außenanlage gern bewundert. Während inzwischen nur für den Eigenbedarf Obst und Gemüse angebaut wird, zeugt die alte Küche und das historische Geschirr, das an Festtagen immer noch zum Einsatz kommt, von der einstigen Pracht sowie den vielen Menschen, die früher im Kloster lebten und versorgt wurden

Rezepte aus Medingen

Bratapfeltorte

Die Sultaninen im Rum über Nacht einweichen. Aus Mehl, Backpulver, Zucker, Butter und Eiern einen Knetteig herstellen. In eine 28er Springform füllen und den Rand damit auskleiden. Den Boden mit großen, halbierten Äpfeln dicht belegen, die Rumrosinen sowie 50 Gramm Mandelblättchen in die Zwischenräume streuen.
Von den restlichen Zutaten einen Pudding kochen und sofort auf die Äpfel geben.
Den Kuchen 45 Minuten bei 160 Grad Heißluft oder 175 Grad Ober- und Unterhitze backen. Dann aus dem Ofen nehmen und mit Mandelblättchen bestreuen und für weitere 15 Minuten backen.

Zutaten (für zwei Personen):
75 g Sultaninen in
75 ml Rum über Nacht einweichen,
250 g Mehl
2 TL Backpulver
250 g Zucker
125 g Butter
2 Eier
750 ml Sahne
60 g Puderzucker
1 Päckchen Vanillezucker
1 Päckchen Vanillepudding

Medinger Pilgersuppe

Zutaten (für zwei Personen):
1 Poularde
Suppengrün, Brühwürfel
3-4 Zwiebeln
2-3 Äpfel
Curry (nach Bedarf)
süße Sahne
viel Dill (frisch oder tiefgefroren)

Poularde mit dem Suppengrün und Brühwürfel garkochen. Das Fleisch von Haut und Knochen lösen, kleinschneiden.
In einem Extra-Topf kleingeschnittene Zwiebeln in Butter glasig dünsten, dann geschälte, kleingeschnittene Äpfel dazugeben, weichdünsten, alles pürieren.
Das Ganze mit Mehl bestäuben und mit der Hühnerbrühe auffüllen, bis es eine cremige Suppe ergibt. Hühnerfleisch, Curry, Dill und süße Sahne hinzufügen. Abschmecken (evtl. etwas Fondor hinzugeben.)

Spätmittelalterliche Stiftanlage mit prächtigen Gärten

An das Stift Obernkirchen erinnern sich noch viele frühere Landfrauenschülerinnen

Das evangelische Damenstift Obernkirchen gehört zu den ältesten und bedeutendsten Baudenkmälern des Kreises Schaumburg. Seine Gebäude befinden sich im historischen Zentrum des Ortes und legen Zeugnis von mehr als 800 Jahren Baugeschichte ab. Gegründet wurde das Augustiner-Chorfrauenstift 1167 von Bischof Werner aus Minden. Ab dem 14. Jahrhundert fanden Wallfahrten zu einer Marienstatue in der Stiftskirche statt. Nach dem Brand von 1329 begann der Wiederaufbau der heutigen Kirche. Im Zuge der Reformation wandelten die Grafen von Schaumburg das Stift in ein evangelisches Damenstift für den Adel um und die Stiftskirche wurde evangelisch-lutherische Gemeindekirche. Noch heute leben die Damen des Stifts nach den Grundsätzen der weitgehenden Selbstbestimmung und Selbstverwaltung in einer Lebens- und Arbeitsgemeinschaft alleinstehender Frauen. Die lange Stiftsgeschichte wird bezeugt durch die historischen Grabplatten, von denen viele im Kreuzgang zu sehen sind. Zusammen mit den Zeugnissen und Kunstschätzen der vergangenen Jahrhunderte komplettieren sie die Geschichte und stellen gleichzeitig Zeugnisse einer immer belebten Anlage dar.

Stift Obernkirchen

Stift Obernkirchen, Bergamtstraße 12, 31683 Obernkirchen, Telefon (05724) 8450, Fax (05724) 397186, www.stift-obernkirchen.de und www.treff-im-stift-obernkirchen.de
info@stift-obernkirchen.de

Susanne Wöbbeking,
Äbtissin im Stift Obernkirchen

Seit wann sind Sie im Stift Obernkirchen Äbtissin und was war Ihr vorheriger Beruf?
Seit Juli 2008. Ich war und bin immer noch als Juristin tätig.

Wie lässt sich das vereinbaren?
Gut. Meine juristischen Kenntnisse unterstützen mich bei der Leitung und der Verwaltungstätigkeit des Stiftes. Es bedeutet auch immer ein organisiertes Zeitmanagement.

Warum sind Sie Äbtissin geworden und was bedeutet Ihnen das Stift?
Das Stift lag mir schon immer am Herzen, weil ich in Obernkirchen aufgewachsen bin und es viele Verbindungen durch meine Familie gab. Schon Großtanten und meine Schwestern haben die Landfrauenschule des Reifensteiner Verbandes im Stift besucht.

Was bedeutet für Sie der Garten?
Nachhaltigkeit und die direkte Verbindung zur Natur. Garten hat etwas mit Ursprünglichkeit und elementaren Zusammenhängen zu tun. Außerdem ist der Garten eine sehr alte und wichtige Tradition des Stiftes. Hier gab es schon immer große Rasenflächen, Obstwiesen und Gemüseanbau.

Und die Gartenarbeit?
Schon als Kind hatte ich ein eigenes Gartenbeet, aus dem ich auch meine Goldhamster versorgt habe. Die Gartenarbeit ist ein wunderbarer Ausgleich. Es bereitet mir viel Freude, die Pflanzen wachsen zu sehen.

Was geschieht mit den Erträgen?
Wir verarbeiten und nutzen fast alles selbst. Einige Marmeladen und Gelees verschenken wir auch zu besonderen Anlässen.

Beim Betreten des Stifts durch die mächtigen Sandsteintore ist schnell der Zauber der Anlage spürbar. Die alten Sandsteingebäude mit den riesigen steilen Dächern, die in ihrer heutigen Form im 15. und 16. Jahrhundert entstanden sind, entfalten gerade in ihrer Schlichtheit eine beachtliche Schönheit. Das Farbspiel der Steine und ihre Struktur sind an sich schon Kunstwerke. Überall sind kleine verwunschene Ecken zu finden, die besondere Schätze bedeuten. Der Innenhof bezaubert mit seiner besonders friedlichen Atmosphäre.

Die heutige Stiftskirche St. Marien stammt aus dem 14. Jahrhundert, wobei bei deren Bau Reste der nach der Gründung des Stiftes errichteten romanischen Basilika erhalten blieben. In der Kirche befindet sich unter anderem ein Altar aus dem Jahre 1496. Er gilt als bedeutendes Denkmal spätgotischer Schnitzkunst. Die Kirche ist über die Stiftsdamen-Empore direkt von den Stiftsgebäuden aus zugänglich. Bei den Führungen ist auch hier viel über die wechselvolle Geschichte zu erfahren. Das Stift Obernkirchen ist Frauenort zu Ehren von Agnes von Dinklage, einer früheren Leiterin der dort beheimatet gewesenen Landfrauenschule des Reifensteiner Verbandes.

Führungen finden vom 1. April bis zum 31. Oktober immer mittwochs und samstags um 15.30 Uhr sowie nach Vereinbarung statt. Kinderführungen nach Vereinbarung.

Aus Küche und Garten

Die großzügig gestaltete Gartenanlage ist in mehrere Bereiche gegliedert, die ihre Struktur nicht nur durch ihre Bepflanzung, sondern auch durch das reliefartig geformte Gelände erhält. Zahlreiche verwunschene Ecken mit einer üppigen Blütenpracht sind zu entdecken. Zarte Pflanzen, die sich an den Wänden emporranken gehören wie die alten behauenen Steine der historischen Mauer, die das Gelände einrahmt, dazu. Romantische Sitzecken bilden eine Ergänzung zu den vielen liebevollen Details. Obstbäume, Kräuter- und Gemüsebeete sind, wie die Beerenfrüchte gleich in mehreren Gartenbereichen vorhanden. Zu dem farbenfrohen Außengelände bildet der Innenhof mit seiner besonders friedlichen Atmosphäre einen gelungenen Kontrast. Historische Kochbücher belegen, dass die Küche im Stift schon immer einen sehr hohen Stellenwert hatte. Heute dienen die Erträge des Gartens hauptsächlich zur Selbstversorgung. Es wird gerade ein Kräuterbeet im frei zugänglichen Wirtschaftshof angelegt, aus dem sich die Bewohner Obernkirchens bei Bedarf ebenfalls bedienen können.

Rezepte aus Obernkirchen

Ostpreußische Sauerampfersuppe
(Rezept Altäbtissin)

Zutaten:
500 g frischer Sauerampfer
1 l Fleischbrühe
¼ l Schmand
3 EL Mehl
30 g Butter
Salz
1 Eigelb

Der Sauerampfer wird verlesen und mehrfach gewaschen, sodann gehackt. Der gehackte Sauerampfer wird in Butter gedünstet und dann mit der Brühe aufgefüllt und ca. 15 Minuten leise gekocht. Die Brühe wird danach mit dem in kaltem Wasser angerührten Mehl abgebunden, mit Salz abgeschmeckt und der Schmand untergerührt. Das mit etwas heißer Suppe verquirlte Eigelb wird der nicht mehr kochenden Suppe zugefügt.

Geschmorte Äpfel, nach Art der Äbtissin

Zutaten:
6 mittelgroße Äpfel (Boskop), (schälen, entkernen und in Viertel oder Achtel schneiden)
4 EL brauner Zucker
1 TL Zimt
Butter (nach Belieben)
gehackte Walnüsse oder Mandelblättchen (nach Belieben)

Die Äpfel fächerartig in eine ausgebutterte Auflaufform legen, Zucker und Zimt verrühren und mit den gehackten Walnüssen über die Äpfel streuen. Zum Abschluss Butterflöckchen darauf setzen. Backzeit im Ofen: ca. 30 Minuten bei 200 ° Ober- u. Unterhitze, 180 Grad (Umluft).

Spinat-/Mangoldtorte

Für den Teig Mehl auf ein Backbrett oder in eine Schüssel geben. In die Mitte eine Mulde drücken. Sahne und Salz reingeben. Die gut gekühlte Margarine in Flöckchen auf dem Mehlrand verteilen. Von innen nach außen einen glatten Teig kneten. 30 Minuten zugedeckt im Kühlschrank ruhen lassen. In der Zwischenzeit Spinat verlesen und in kaltem Wasser gründlich waschen.

In einer Schüssel mit kochendem Salzwasser übergießen und acht Minuten blanchieren. Auf einem Sieb abtropfen lassen. Grob hacken. Durchwachsenen Speck fein würfeln. Zwiebeln schälen und hacken. Butter in einem Topf erhitzen. Speck darin 5 Minuten braten. Zwiebeln zugeben. In drei Minuten glasig braten. Mehl auf einmal reinrühren und zwei Minuten durchschwitzen. Topf vom Herd nehmen. Spinat und die mit Sahne verquirlten Eigelb reingeben. Alles gut mischen. Mit Salz und geriebener Muskatnuss abschmecken.

Zutaten:
Für den Teig:
250 g Mehl
4 EL saure Sahne
Salz
150 g Margarine/Butter
Für den Belag:
1000 g Blattspinat/Mangold
Salz
100 g durchwachsenen Speck
3 Zwiebeln
30 g Butter
1 EL Mehl
200 g saure Sahne
3 Eigelb
geriebene Muskatnuss

Arbeitsfläche mit Mehl bestäuben. Teig zu einer Platte ausrollen. Eine ungefettete Springform von 30 cm Durchmesser damit auslegen. Rand etwas hochdrücken. Spinatmasse auf den Teig geben und verteilen. In den vorgeheizten Ofen auf die mittlere Schiene stellen. Backzeit: 50 Minuten, E-Herd: 200 °, Gasherd: Stufe 4 oder knapp 5, große Flamme. Aus dem Ofen nehmen und heiß servieren, evtl. mit Tomatensoße.

Das Feuer hüten

Eine Oase inmitten der Heidestadt

Im Kloster Walsrode hat sich die Speisung Bedürftiger durch die „Heringsspende" erhalten

Wer durch das schmiedeeiserne Eingangstor geht, spürt sofort die friedliche Atmosphäre des Klosters. Umgeben von einer roten Backsteinmauer befindet sich die gepflegte parkartige Anlage aus dem 18. Jahrhundert mitten in der Heidestadt Walsrode. Es ist ganz ruhig, nur der Gesang der Vögel, das Rauschen der Blätter und das Summen der Bienen sind zu hören. Der Ort wirkt wie eine wohltuende Oase. Von dem Kloster, das schon vor über 1000 Jahren gegründet wurde, sehen die Besucher eine harmonische Barockanlage, deren Gebäude überwiegend aus der Mitte des 18. Jahrhunderts stammen. Das Kloster ist das älteste der sechs Lüneburger Klöster. Es wurde wahrscheinlich als Kanonissenstift vor 986 durch Graf Wale und seine Frau Odelinth gegründet. Heute wird es in lebendiger Tradition als Damenstift fortgeführt, dessen Konventualinnen sich kulturellen, kirchlichen und sozialen Aufgaben widmen.

Bei den Führungen ist viel über die Geschichte, die architektonischen Besonderheiten und die kulturellen Schätze des Klosters zu erfahren.

Die Heringsspende ist heute in eine Gabe für Schulkinder umgewandelt,

Kloster Walsrode

Kloster Walsrode, Kirchplatz 2, 29664 Walsrode, Telefon (05161) 4858380, Fax (0516) 4858389, www.kloster-walsrode.de, info@kloster-walsrode.de

Dr. Sigrid Vierck,
Äbtissin im Kloster Walsrode

Sie haben Archäologie studiert, welches war Ihr Spezialgebiet?
Unter anderem Klassische Archäologie, Ur- und Frühgeschichte sowie Alte Geschichte, wobei ich zeitweise die Ausgrabung „Römerlager Oberaden" leitete. An diesem Platz ließen sich mit Pfefferfunden sowie mit Stempeln auf Töpferwaren belegen, dass die Römer damals Verbindungen nach Südindien aufrechterhielten.

Seit wann sind Sie hier Äbtissin?
Vom Konvent des Klosters Walsrode wurde ich im Oktober 2008 zur Äbtissin gewählt.

Was ist das Besondere an dem Kloster Walsrode?
Dieses Kloster befindet sich mitten in der Stadt. Durch die Lage sind wir in das Leben der Stadt eingebunden. Mit dem Durchschreiten des großen Tores öffnet sich eine Oase.

Was ist Ihnen daran wichtig?
Die Menschen finden hier einen Augenblick der Ruhe, eine Möglichkeit des Innehaltens und können Kraft schöpfen.

Wie ist der Garten gestaltet?
Er ist kein Nutzgarten, sondern ein Park. Natürlich gehören auch ein Bereich mit Obstbäumen und –sträuchern sowie ein Kräuterbeet zur Anlage.

Was haben Sie für einen Bezug zum Garten, zur Küche?
Bisher habe ich mit einem Speierling, einer Bergulme, einem Ginko und einem japanischen Goldahorn jedes Jahr einen neuen Baum gepflanzt. Dabei bin ich stets auf der Suche nach seltenen einheimischen Gehölzen. Außerdem koche ich leidenschaftlich gern.

Wie meinen Sie das?
Gern bewirte ich Gäste, kreiere immer neue Menüs und serviere, wenn möglich lokale Produkte, wie Heidschnucke, Spargel, Kartoffeln - selbstverständlich mit Kräutern aus dem Garten gewürzt. Bei uns ist es eine alte Familientradition vorzugsweise Selbstgemachtes anzubieten.

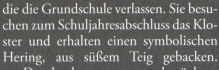

die die Grundschule verlassen. Sie besuchen zum Schuljahresabschluss das Kloster und erhalten einen symbolischen Hering, aus süßem Teig gebacken.

Durch den wappengeschmückten „Langen Gang" mit seinen eindrucksvollen Barocktüren geht es zur Kapelle.

In der prachtvollen Klosterkapelle lassen sich noch mittelalterliche Bauteile finden. Die Glasfenster hinter dem Altar sind noch im Originalzustand von 1483. Sie haben Kriege und bauliche Veränderungen unbeschadet überdauert. Auch die überlebensgroße hölzerne Stifterfigur des Grafen Wale, der nach der Legende das Kloster gründete, hat die Feuersbrunst von 1482 überstanden, während alle anderen Kunstschätze den Flammen zum Opfer fielen. Das Bambino, ein mehr als fünfhundert Jahre altes Christuskind aus Holz, stellt eine kleine Attraktion dar. Sein imposantes Gewand verzierten die Klosterfrauen mit winzigen wertvollen Heideflussperlen. Aber auch eine Darstellung des Letzten Abendmahls, aus einem Holzblock geschnitzt und farbig gefasst, sowie ein Reliquienschrank mit Paradiesgärtlein und der Äbtissinnenstuhl gehören zu den besonderen Kunstschätzen, die von christlichem Glauben und klösterlicher Tradition zeugen. Der Remter im gotischen Stil, der Festraum des Klosters, ist ebenfalls sehr sehenswert. Ein Spaziergang durch die Anlage mit Betrachtung der barocken Grabsteine auf dem alten Friedhof kann einen besinnlichen Abschluss bringen. Neben den historischen Schätzen bietet das Kloster während der Saison von April bis Oktober verschiedene Veranstaltungen an. Dazu zählen die beliebten Konzerte in der Kapelle, Ausstellungen und Vorträge.

Das Klostergelände ist täglich bis 18 Uhr (im Winter bis zum Einbruch der Dunkelheit) für Besucher zugänglich. Führungen finden täglich statt, vom 1. April bis 30. September um 15 Uhr, 16 Uhr und 17 Uhr, vom 1. Oktober bis zum 31. Oktober um 15 Uhr und 16 Uhr. Zusätzlich werden spezielle Kinder- und Themenführungen angeboten. Gruppen werden gebeten, sich telefonisch, per Fax oder per Email anzumelden. Führungen zu anderen Terminen und außerhalb der Saison ebenfalls nach Anmeldung. Keine Führungen an Karfreitag, am 24. Juni und an Veranstaltungstagen.

Aus Küche und Garten

Der Garten des Klosters stellt heute einen großzügig gestalteten Park dar. Gegliedert ist die Anlage in einen Landschaftspark, in dem sich immer wieder neue Perspektiven öffnen, und einige Hochbeete. Zwischen alten Bäumen blitzt ab und zu die verwunschen wirkende rote Klostermauer aus Backsteinen durch. Sträucher, Büsche und Beete sorgen für eine natürliche Gliederung der Anlage. Das Farbspiel der prächtigen Rhododendren und Azaleen wirkt wie ein buntes Gemälde. Jeder Bereich hält neue Überraschungen vor. Der zentrale Blick wird auf die farbig angelegten Hochbeete mit einer Mischung aus Kräutern, Heilpflanzen und Blumen gelenkt. Historische und seltene Bäume wie Gingko, Bergulme oder Speierling, die die Äbtissin jedes Jahr durch einen weiteren ergänzt, geben dem Park eine zusätzliche Struktur.

Barocke Grabsteine an den Seiten des alten Friedhofs im ehemaligen Kreuzgang, der noch zu erahnen ist, wirken neben der üppigen Bepflanzung wie ein besonderes gestalterisches Gartenelement.

Walsrode

Rezepte aus Walsrode

Schinken-Flan

Milch salzen, aufkochen lassen. Abkühlen lassen. Die Eier in einer Schüssel verrühren und das Mehl dazusieben (Vorsicht: darf nicht klumpen!), einschlagen. Die lauwarme Milch zugeben. Die Speck- oder Schinkenwürfel unterziehen oder auf der Form verteilen und die Masse darüber gießen. Mit Butterflöckchen bestreuen. Ca. 30 Min. bei 200° C backen. Mit Schnittlauch bestreut servieren.

Zutaten:
1/2 l Milch
6 Eier
200 g gewürfelter Speck
50 g Mehl
Salz
Pfeffer
Butterflöckchen
Schnittlauch

Sigrids Mandelbällchen

Zutaten:
280 g Mehl
70 g Zucker
250 Butter
1 Eigelb
1 Prise Salz
200 g gestiftete Mandeln
Puderzucker zum Bestreuen

Wie Mürbteig anmachen, Häufchen auf ein Backblech setzen, bei mittlerer Hitze goldgelb backen; mit Puderzucker bestreut reichen.

Meditation hinter dicken Klostermauern

Kloster Wennigsen
ist ein Ort für Stille und Sammlung

Ruhig und hinter großen Mauern liegt das Kloster Wennigsen. Es bietet als Haus für Stille und Begegnung die Möglichkeit, einige Zeit in die Welt der geistlichen Atmosphäre einzutauchen.

In dem spirituellen Zentrum mit evangelischem Profil haben sich Menschen zusammengefunden, die anderen helfen, den Weg der geistigen und geistlichen Erneuerung zu entdecken und zu erproben. Bei wöchentlichen Treffen, sowie mehrstündigen Übungstagen können in der Abgeschiedenheit des Calenberger Klosters meditative und reflektive Praktiken unter Anleitung erlernt werden.

Auch über einen längeren Zeitraum können Interessierte in Stille und Meditation an sogenannten kontemplativen Exerzitien teilnehmen. Zwischen 1707 und 1725 sind die Konventgebäude des Klosters Wennigsen in ihrer heutigen Ansicht entstanden. Die Geschichte des Gemäuers reicht allerdings weiter zurück. Gegründet wurde das Kloster schon um 1200 als Stift für Augustiner-Chorfrauen. Die älteste Urkunde stammt von 1224. Die Geschichte des Ortes Wennigsen war stets eng mit der des Klosters verbunden. Als Herzogin Elisabeth zu Calen-

Kloster Wennigsen

Kloster Wennigsen, Haus für Stille und Begegnung, Klosteramthof 3, 30974 Wennigsen. Telefon (05103) 453, Fax (05103) 4 96, www.kloster-wennigsen.de

Hilka Will-Imholt, Mitglied der geistlichen Frauengemeinschaft im Kloster Wennigsen

Sie sind als Marmeladenkocherin des Klosters bekannt.
Es war nicht mein Traumberuf. Aber es erging mir wie Frau Holle, ich konnte an den Früchten nicht einfach vorbeigehen.

Welchen Beruf haben Sie ausgeübt?
Ich war Krankenschwester und habe zwölf Jahre im Hospiz gearbeitet.

Wodurch und wann sind Sie zum Kloster gekommen?
Vor vier Jahren, über den Weg des Herzens. Das ist ein besonderer Meditationsweg.

Woher kommen die Mitglieder der Frauengemeinschaft?
Aus Papenburg, München, Bremen, Braunschweig, Köln, eben aus allen Richtungen.

Wie oft treffen Sie sich?
Alle acht Wochen und bei der Einkehrwoche.

Wie viel Marmelade bereiten Sie zu?
Es gibt hier im Kloster nur selbst hergestellte Marmelade.

Nach bestimmten Rezepten?
Nach Möglichkeit wird alles verarbeitet.

Es wird viel Fingerspitzengefühl für die richtige Konsistenz benötigt. Wie gelingt Ihnen die Marmelade so gut?
Einige Früchte setze ich abends mit Zucker an und koche sie erst am nächsten Tag

Wer wird mit der Marmelade beköstigt?
Bei den Kursen sind es im Jahr mehrere Hundert Menschen.

Haben Sie auch ungewöhnliche Rezepturen?
Für viele ist die Apfel-Ingwer-Marmelade oder das Apfel-Chutney etwas Besonderes.

berg-Göttingen 1542 die Reformation im Calenberger Land einführte, wurde auch das Kloster evangelisch. Wie in allen Calenberger Frauenklöstern wurden seitdem evangelische Gottesdienste gefeiert. Das Gebet der Konvente wurde im Umfang etwas reduziert und in der Landessprache gebetet.

Der Dreißigjährige Krieg brachte in Wennigsen große Verwüstungen. Das Kloster und fast der gesamte Ort wurden zerstört. Trotz des massiven Bevölkerungsrückgangs wurde das Dorf nicht aufgegeben. Die Überlebenden konnten alle Dorfgemarkungen bewirtschaften. Es sollte allerdings noch einige Jahre dauern, bis die Normalität des Alltags wieder zurückgekehrt war.

Bei einer Führung durch das Kloster ist viel von der Historie und über die vorhandenen Kunstschätze zu erfahren. Im Klostersaal führt der Kulturkreis seit den fünfziger Jahren Konzerte auf.

Offene Meditationsabende montags 19.30 Uhr, Kloster auf Zeit und Meditationskurse s. Homepage.
Führungen finden einmal im Monat, immer an einem Sonnabend um 13 Uhr statt. Der Treffpunkt ist am Turm. Auf Anfrage sind bei Klosterführerin Constanze Kanz, Telefon (05109) 63350 und 017661201738) Sonderführungen möglich.

Aus Küche und Garten

Der Klostergarten in Wennigsen bezaubert durch seine Vielfalt und Natürlichkeit. Altes Gewachsenes verbindet sich mit der Fülle und Farbenpracht der Sträucher und Stauden, wie Rosen, Rittersporn oder auch Cosmeen. Knorrige Apfelbäume stehen neben Johannisbeersträuchern und Himbeerbüschen. „Gib mir für das Wunderbare, das in mir steckt, die Zeit, die es zum Wachsen braucht, die Liebe, die es zum Blühen bringt, … und den Zauber, der es schützt", lautet einer der Titel, unter denen im Kloster Gartenexerzitien angeboten werden. Während der Erntezeit arbeiten dann die Kursteilnehmer schweigend im herbstlich bunten Klostergarten. Sämtliche Früchte des Gartens werden meist zu Marmelade verarbeitet „Wie die Natur - bereiten auch wir uns auf die dunklere Jahreszeit vor. Sie lädt uns ein, zur Ruhe zu kommen. In der Tiefe darf sich Neues entfalten. Gemeinsam mit unseren Gästen wollen wir Altes pflegen und bewahren, Neuem Raum geben und es gestalten, pflanzen und ernten", erklärt Äbtissin Gabriele-Verena Siemers. Die noch erkennbaren Strukturen des historischen Gartens, umgeben von seinen alten Sandsteinmauern mit Holzpforten, Hecken, Blumenbeeten und Sträuchern, werden nach und nach wieder aus einem langen Schlaf geweckt. Auch ehrenamtliche Helfer sind herzlich willkommen, im Klostergarten mitzuwirken.

Rezepte aus Wennigsen

Apfel-Chutney

Die vorbereiteten Zutaten in einem großen Kochtopf gut zerrühren. Das ganz aufkochen und bei mittlerer Hitze unter Rühren etwa 20 Minuten kochen. – Durch längeres Einkochen kann eine festere Konsistenz erzielt werden.- Kochgut eventuell abschäumen und sofort randvoll in vorbereitete Gläser füllen. Mit Schraubdeckeln verschließen, umdrehen und etwa 5 Minuten auf dem Kopf stehen lassen.

Zutaten:
1,5 kg Äpfel
400 g Zwiebeln
125 ml Apfelsaft
400 g Zucker
2 EL Minze
3 getrocknete und gestoßene Chilichoten
1 TL Salz
1,5 Tassen Weinessig

Apfel-Ingwer-Konfitüre

Zutate):
1 kg Äpfel
150 g frischer Ingwer
Saft von 2 Zitronen
500 g Gelierzucker
100 ml Apfelwein (Cidre)
100 ml Apfelsaft

Äpfel schälen, entkernen und in kleine Würfel schneiden. Ingwer schälen und fein würfeln. Äpfel mit Ingwer, Zitronensaft, Gelierzucker, Apfelwein und Apfelsaft zum Kochen bringen. Anschließend weitere 4 Minuten sprudelnd kochen lassen, dabei öfter umrühren. Den Topf vom Herd ziehen. Konfitüre randvoll in heiß ausgespülte Gläser füllen, verschließen und 5 Minuten auf den Deckel stellen.

Juwel niederdeutscher Backsteingotik

Kloster Wienhausen ist reich an wertvollen Kunstschätzen

Bekannt ist das ehemalige Zisterzienserinnenkloster in Wienhausen als Juwel niederdeutscher Backsteingotik und Fachwerkbaukunst. Gegründet wurde es von Herzogin Agnes um 1225. Es ist das bekannteste der sechs Lüneburger-Klöster. Ein Besuch des Klosters ist lohnend, denn als besondere Schatzkammer zeigt es mittelalterliche Kunst an ihrem ursprünglichen Ort und Zusammenhang: Malereien, Skulpturen, Altäre, aber auch Truhen und Schränke, ein unvergleichlicher Schatz mittelalterlicher Klosterkultur. Besonders sehenswert ist der Nonnenchor mit seiner vollständigen Wand- und Gewölbemalerei aus der Zeit um 1335, die die christliche Heilsgeschichte des Neuen Testaments, Szenen aus dem Alten Testament sowie Heiligengeschichten zeigt. Der geschnitzte Marienaltar von 1519 beinhaltet neben einer großen Muttergottes im Strahlenkranz Szenen aus dem Marienleben. Bekannt ist das Kloster aber auch für seine einzigartigen großformatigen gotischen Bildteppiche aus dem 13. bis 15. Jahrhundert. Auf ihnen sind nicht nur religiöse Themen wie die Darstellung der Propheten oder die Legende der Hl. Elisabeth, sondern auch die Sage von Tristan und Isolde und Jagdszenen zu sehen.

Kloster Wienhausen

Kloster Wienhausen, An der Kirche 1, 29342 Wienhausen, Telefon (05149)18660, Fax (05149)18 6639, www.kloster-wienhausen.de
Klosterführungen finden vom 1. April bis 14. Oktober, sonntags und an kirchlichen Feiertagen stündlich von 12 Uhr bis 17 Uhr statt. Werktags (außer montags) und an nichtkirchlichen Feiertagen wird um 10 Uhr, 11 Uhr sowie von 14 Uhr bis 17 Uhr stündlich durch das Kloster geführt. Das Kloster ist montags, Karfreitag und an den Chortagen des Konvents geschlossen.

Beate Ruhe, Konventualin im Kloster Wienhausen

Sie sind in Wienhausen als Gartenfachfrau bekannt. Wie gelingt es Ihnen, die Pflanzen so gedeihen zu lassen?
Das empfinde ich nicht als große Kunst. Wichtig ist lockere, unkrautfreie Erde, ausreichend Feuchtigkeit, beinahe noch wichtiger ist es, sich allem mit Aufmerksamkeit und Empathie zuzuwenden. Tiere und Pflanzen haben dafür ein feines Empfinden.
Wie viel Zeit verbringen Sie im Garten?
Täglich mehrere Stunden.
Genießen Sie auch mal den Anblick von einer Sitzecke aus?
Das Bedürfnis habe ich nicht. Ich gehe lieber im Garten herum, der sich ständig verändert, je nachdem, von wo aus man ihn betrachtet.
Haben Sie eine Lieblingspflanze?
Die Natur insgesamt ist schön und vollkommen.
Seit wann leben Sie im Kloster Wienhausen?
Schon seit 1995.
Was gehört auch zu Ihrem Aufgabenbereich?
Ich übernehme regelmäßig die Führungen
Welche Geschichten finden die Besucher bei den Führungen besonders spannend?
Lange lagen viele Geheimnisse hinter den dicken Klostermauern verborgen. Erst 1953 wurden unter dem Chorgestühl über 1000 kleine Gegenstände wie kleine Handschriften und Andachtsbildchen, vor allem aber die ältesten bekannten Brillen, gefunden. In den 1960er Jahren wurde unter einer neuzeitlichen Deckenverschalung spätmittelalterliche Rankenmalerei entdeckt; so konnte das ehemalige Sommerrefektorium mit seiner vollständig bemalten Decke wiederhergestellt werden. Zur gleichen Zeit wurden bis dahin unbekannte Wandmalereien im Kreuzgang freigelegt.

Bis ins 16. Jh. lebten die Nonnen nach der Zisterzienserregel; das Kloster war jedoch nicht förmlich in den Orden aufgenommen. Seinen Reichtum verdankte das Kloster Wienhausen sowohl dem Celler Herzogshaus, den Hildesheimer Bischöfen sowie zahlreichen, meist adeligen Familien, die es mit reichen Schenkungen bedachten. Die Gegenleistung war das Gebet für das Seelenheil der verstorbenen Angehörigen. Die Einführung der Reformation im Fürstentum Lüneburg durch Herzog Ernst von Braunschweig-Lüneburg in der ersten Hälfte des 16. Jh. war für das Kloster folgenschwer: das Kloster verlor einen Großteil seines Besitzes. Die Nonnen weigerten sich außerdem, die Reformation anzunehmen; als Druckmittel ließ der Herzog sogar Teile der Klostergebäude abreißen. Nur langsam wandelte sich das Nonnenkloster in ein evangelisches Damenstift; 1587 wurde die erste evangelische Äbtissin eingeführt und erst 1616 der Habit der Zisterzienserinnen abgelegt.
Heute ist das Kloster eine selbstständige Körperschaft des öffentlichen Rechts, unter der Rechtsaufsicht der Klosterkammer Hannover, und wird weiterhin von einem evangelisch lutherischen Konvent bewohnt. Zu dessen Aufgaben gehören unter anderem die Pflege der zahlreichen Kunstschätze und Führungen für die Öffentlichkeit.
Neben den von April bis Oktober mehrmals täglich stattfindenden Klosterführungen werden die gotischen Bildteppiche einmal jährlich in der „Teppichwoche" ab Samstag nach Pfingsten mit persönlicher Führung durch die Konventualinnen gezeigt. Danach sind sie - mit Audioführung - während der Öffnungszeiten des Klosters bis Mitte Oktober zu sehen. Das Kloster bietet außerdem regelmäßig Andachten, Gottesdienste, Kulturveranstaltungen, Kurse und Stickseminare an.

Ab dem 1. Oktober entfällt die 17 Uhr Führung. Klosterführungen sind vom 16. bis 30. Oktober sonntags um 12 Uhr und um 15 Uhr sowie werktags um 11 Uhr und um 15 Uhr. Montags ist geschlossen Die Teppichausstellung mit Audioführung findet vom 12. Juni bis zum 14. Oktober in deutsch, englisch, französisch und spanisch statt. Geöffnet ist werktags, außer montags und an nicht kirchlichen Feiertagen, von 10 bis 18 Uhr , sonntags und an kirchlichen Feiertagen von 12 bis 18 Uhr. Montags ist geschlossen. Ab 1. Oktober schließt das Teppichmuseum um 17.30 Uhr. Am ersten Wochenende im Monat findet immer die Sonderführung »Mit allen Sinnen« jeweils sonnabends und sonntags um 17Uhr bis September, nur mit Anmeldung unter Telefon (05149) 18660 oder kloster.wienhausen@arcor.de statt. Gruppenführungen sind auf Anfrage in englisch, französisch, spanisch und plattdeutsch möglich.

Aus Küche und Garten

Knorrige Obstbäume, farbenprächtige Blumenrabatten, saftige Wiesen, Gemüse und Kräuter: der Klostergarten von Wienhausen enthält zahlreiche romantische Winkel. Umgeben von einer alten Mauer und Staketenzäunen wirkt die Anlage mit ihren gemütlichen Sitzecken verwunschen. Ein Storchenpaar gehört zu den Stammgästen des Klosters. Libellen tanzen an einem kleinen Bachlauf, der unter dem Kloster durchfließt. In einer Ecke befinden sich Bienenkörbe. Der Honig, an dem ein kleines Schildchen mit dem Gedicht von Josef Guggenmos hängt, wird im Klosterladen angeboten.

Wie viel ist ein Glas Honig wert?
(Gespräch mit der Bienenkönigin)
"Erlauben Sie mir, einen Wunsch zu sagen.
Ich möchte ein Glas Honig haben.
Was kostet's? Ich bin zu zahlen bereit.
Für was Gutes ist mir mein Geld nicht leid."
"Sie wollen was Gutes für Ihr Geld?
Sie kriegen das Beste von der Welt!
Sie kaufen goldenen Sonnenschein,
Sie kaufen pure Gesundheit ein!
Was Beßres als Honig hat keiner erfunden.
Der Preis? Ich verrechne die Arbeitsstunden.
Zwölftausend Stunden waren zu fliegen,
um so viel Honig zusammenzukriegen.
Ja, meine Leute waren fleißig!
Die Stunde? Ich rechne zwei Mark dreißig.
Nun rechnen Sie sich's selber aus!
27 000 kommt heraus.
27 000 Mark und mehr.
Hier ist die Rechnung, ich bitte sehr!"

Rezepte aus Wienhausen

Kartoffelsalat mit Bärlauch

Kartoffeln schälen, in Stücke schneiden, kochen und mit Brühe und Balsamico übergießen, salzen und ziehen lassen.
Gurken schälen, der Länge nach halbieren, auskratzen, in Scheiben hobeln, kräftig salzen und ziehen lassen.
Bärlauch waschen, trockenschleudern und in Streifen schneiden.
Frühlingszwiebeln in feine Ringe schneiden.
Frische Tomaten in Stücke, getrocknete in Streifen schneiden.
Gurken abgießen und mit den Frühlingszwiebeln und den eingelegten Tomaten zu den Kartoffeln geben und untermischen.
Nimmt man frische Tomaten, diese mit dem Bärlauch, ev. Öl, Salz und Pfeffer erst kurz vor dem Anrichten dazugeben.
Hat man keinen frischen Bärlauch, kann man diesen durch Eisberg- oder Endiviensalat -in feine Streifen geschnitten- ersetzen und Radieschen und frische Kräuter dazugeben.

Zutaten (für zehn Personen):
3 kg festkochende Kartoffeln, z.B. Bamberger Hörnchen
Bärlauch nach Geschmack (3 Hände voll oder mehr)
10 Fleischtomaten; sehr gut schmecken auch getrocknete, in Öl eingelegte Tomaten
5 Salatgurken
6 Frühlingszwiebeln
weißer Balsamico
1 L heiße Fleischbrühe
Salz, Pfeffer aus der Mühle
Olivenöl nach Geschmack, muss nicht sein
1/2 TL Zucker

Bärlauchpaste

Bärlauchblätter waschen und trockenschleudern, mit Olivenöl und Salz sehr fein mixen. (bei 500 g Bärlauch ca. 8 EL Öl und 1 ½ TL Salz). Die Paste in Gläser füllen und immer mit einer Schicht Öl bedeckt halten. Gekühlt haltbar ca. 4 Wochen.
Auch das Einfrieren in Beuteln oder dem Eiswürfelbehälter empfiehlt sich- wegen der längeren Haltbarkeit (ca. 1 Jahr).

Kleine Blätterteigtaschen
mit Bärlauch, Schinken und Käse

Frischkäse, Schinken, Eier, Käse und Bärlauch verrühren und mit Salz und Pfeffer abschmecken.
Mit einem Glas Kreise aus dem Blätterteig stechen, Füllung darauf geben, zusammenklappen und mit einer Gabel die Ränder fest zusammendrücken. Eigelb verquirlen und die Taschen damit bestreichen.
Im vorgeheizten Backofen auf Backpapier bei 200° C ca. 15-20 Minuten backen.

Zutaten (für zehn Personen):
4 Packungen Blätterteig (Rolle aus dem Kühlregal)
375 g Doppelrahm Frischkäse
500 g gekochten, kleingewürfelten Schinken
3 Eier
150 g geraspelten Käse
3 Hände voll Bärlauch, klein geschnitten
Salz, Pfeffer
3 Eier zum Bestreichen

Das Feuer hüten

Ein Ort der Stille und des Rückzugs

Kloster Wülfinghausen bietet unterschiedliche Seminare an

Eingebettet in eine liebliche Hügellandschaft liegt das Kloster Wülfinghausen. Es ist ein Ort, an dem über 750 Jahre wechselvoller Geschichte ihre Spuren hinterlassen haben. Gegründet wurde das Augustinerinnenkloster 1236. Im Winter des Jahres 1377 brannte der erste Klosterbau fast völlig ab. Etwa 25 Jahre später wurden die Gebäude neu errichtet.

In der Reformationszeit wurde das Kloster nicht aufgelöst, sondern allmählich in ein evangelisch-lutherisches Damenstift umgewandelt. Während des Dreißigjährigen Krieges erlitt das Kloster wieder große Schicksalsschläge. 1728 vernichtete dann ein Brand den größten Teil der mittelalterlichen Gebäude. Bei dem Neubau des Klosters zwischen 1730 und 1740 im schlichten barocken Stil wurden die romanische Krypta und die gotische Kirche einbezogen.

Heute gehört das Kloster zum Allgemeinen Hannoverschen Klosterfonds, der von der Klosterkammer Hannover verwaltet wird. Seit 1994 beleben Schwestern der Communiät Christusbruderschaft das Kloster mit evangelischem Ordensleben, seit 2012 als selbstständiger Konvent mit eigenem Noviziat. Im Haus der Stille können Interessierte ihre Spi-

Kloster Wülfinghausen

Kloster Wülfinghausen, 31832 Springe. Telefon (0 50 44) 88160, Fax (05044) 881679, www.kloster-wuelfinghausen.de, info@kloster-wuelfinghausen.de

Adelheid Wenzelmann,
Äbtissin im Kloster Wülfinghausen

Was bedeutet für Sie im übertragenen Sinn die Küche?
Die Krypta und die Küche sind das Herz eines Klosters.
Warum?
Der geistliche Rhythmus trägt uns. Dass es hier einen Gebetsrhythmus gibt, macht das Kloster zu einem Kloster. Und bei der Küche: „Die Liebe geht durch den Magen".
Was erwarten die Gäste vom Kloster?
Menschen, die hierher kommen wollen Ruhe finden.
Der Garten, die Geborgenheit und liebevolle Dekoration des Hauses wirken unterstützend. Es ist eine Zeit der Entschleunigung, in der man sich sensibel um Geist und Seele kümmern kann.
Was bedeuten für Sie die Mahlzeiten im Kloster?
Die Mahlzeiten werden teilweise schweigend eingenommen. Wir dekorieren unter anderem mit den Blumen des Gartens. Die Speisen werden immer sehr sorgsam und dekorativ angerichtet. Zum Beispiel wird die Butter verziert oder Blumen liegen an den Tellerrändern.
Wann stehen Sie morgens auf?
Der Tag beginnt für mich ab 6 Uhr. Erst folgt eine Stunde Stille. Hier schöpfe ich Kraft aus dem Evangelium, der Bibel und aus dem Gebet. Vieles, was mich vom Alltag bewegt, kann ich nachklingen lassen und an Gott loslassen.
Haben Sie ein Beispiel?
„Der Herr ist mein Hirte, mir wird nichts mangeln" das ist ein Psalmvers, der viel Kraft gibt.

rituallität entdecken, einüben und vertiefen und die Quellen des Evangeliums für das eigene Leben aufspüren. In der stillen Anlage kann das Hören auf die Schöpfung, auf sich selbst und auf Gott eingeübt werden. Die Communität lädt zu verschiedenen Seminaren ein, z. B. Exerzitien mit persönlicher Begleitung: „Meinen inneren Weg finden", oder Oasentage „Aufatmen und frei sein" oder Gartenexerzitien mit Gartenarbeit und Impulsen für das persönliche Gebet: „Das Leben erden."

Aus Küche und Garten

Gesäumt von Buchsbaumhecken besteht die weitläufige Gartenanlage des Klosters Wülfinghausen aus zwölf Gärten. Obstbäume, Sträucher, Gemüse und Blumen wachsen auf gutem Boden, gepflegt von fachkundiger Hand. Die reichliche Obsternte wird für Gäste und zur Selbstversorgung liebevoll verarbeitet, auch werden dort einige Hühner gehalten. Einen wichtigen Bestandteil des Jahresprogramms nehmen die Gartenexerzitien ein. „Sie öffnen einen Raum, in der Schöpfung Gott zu entdecken und in der Stille Kraft zu schöpfen. Der klösterliche Rhythmus von „ora et labora" (bete und arbeite) bildet den Rahmen, dem eigenen geistlichen Weg nachzuspüren", erklärt die Äbtissin. Kloster Wülfinghausen hat ein eigenes Kochbuch mit einer Auswahl an regionalen und saisonalen Rezepten zusammengestellt, bei denen auch Gemüse und Obst aus dem Klostergarten verwendet wird. „Gerade in Zeiten, in denen speziell die Gemeinschaftsverpflegung durch Fertigprodukte bis hin zu kompletten Menüs geprägt ist, (…) lernt man erst den Wert einer Küche, wie sie hier im Kloster gepflegt wird, schätzen", so das Urteil eines Gastes über die Klosterküche.

Rezepte aus Wülfinghausen

Apfelbrot

Alle Zutaten gut vermischen und über Nacht ziehen lassen. Am nächsten Tag Mehl und Backpulver unterrühren. Dann in 2 gefettete Kastenformen füllen und bei 200° etwa 50 – 60 Minuten backen.

Zutaten (für zwei Kastenformen):
750 g Äpfel geraspelt
200 g Zucker
125 g grob gemahlene Nüsse
125 g Rosinen
1 EL Rum
1 EL Zimt
500g Mehl
2 P. Backpulver

Gefüllte Eierpfannkuchen
mit Champignons und Lauch

Aus Eiern, Mehl, Salz und Milch einen Teig zubereiten und daraus Pfannkuchen backen. Die fertigen Pfannkuchen zur Seite stellen.
Den Lauch und die Zwiebeln fein würfeln, in Butter andünsten, die in Scheiben geschnittenen Pilze hinzufügen und kurz mitschmoren. Mit Salz und Pfeffer aus der Mühle abschmecken.
Die etwas abgekühlten Pfannkuchen mit
Frischkäse oder saurer Sahne bestreichen, die Pilzmasse auf den Pfannkuchen verteilen, zusammerollen, mit geriebenem Gouda bestreuen und im vorgeheizten Ofen bei 200° circa 10 – 15 Minuten gratinieren.

Zutaten:
4 Eier
250 g Mehl
Salz
3/8 Liter Vollmilch
250 g Champignons
Butter
1 Stange Lauch
2 kleine Zwiebeln
geriebener Gouda
Frischkäse oder saure Sahne

Kräuterkartoffeln

Große Kartoffeln waschen und halbieren. Die Schnittflächen leicht in ein Gemisch aus Kräutersalz, Pfeffer, Paprika und Kräuter der Provence drücken. Dann mit der Fläche nach unten auf ein gefettetes Backblech legen, mit Öl bepinseln.
Bei 175 ° im Backofen 30-40 Minuten backen. Dazu passen Kräuterquark, Tzaziki und Paprikaquark.

Zutaten:
große Kartoffeln
Kräutersalz
Pfeffer, Paprika,
Kräuter der Provence, Öl

58 | Das Feuer hüten